"智慧＋思辨"小学高质量课程与教学协同共建项目

问辨山河川平川劈秀

儿童素养大课 解读与实施

主　编／胡淑娟

副主编／邵惠新　张兴红　杭改英　征卫红

济南出版社

图书在版编目（CIP）数据

平川罗秀：儿童素养大课解读与实施 / 胡淑娟主编 .
— 济南：济南出版社，2024.4
ISBN 978-7-5488-6321-2

Ⅰ.①平… Ⅱ.①胡… Ⅲ.①平罗县－概况－儿童
读物 Ⅳ.① K924.34-49

中国国家版本馆 CIP 数据核字（2024）第 071231 号

平川罗秀·儿童素养大课解读与实施
PINGCHUANLUOXIU·ERTONG SUYANG DAKE JIEDU YU SHISHI
主　编　胡淑娟
副主编　邵惠新　张兴红　杭改英　征卫红

出 版 人　谢金岭
责任编辑　李冰颖　姜海静
装帧设计　张　倩

出版发行　济南出版社
地　　址　山东省济南市二环南路 1 号（250002）
总 编 室　0531-86131715
印　　刷　山东新华印务有限公司
版　　次　2024 年 4 月第 1 版
印　　次　2024 年 4 月第 1 次印刷
开　　本　185 mm×260 mm　1/16
印　　张　13.25
字　　数　220 千字
书　　号　ISBN 978-7-5488-6321-2
定　　价　78.00 元

如有印装质量问题 请与出版社出版部联系调换
电话：0531-86131736

编委会

平川罗秀，见证智慧生长

——《平川罗秀》卷首语

胡淑娟

一

贺兰山，宁夏先民的父亲山，屹立在中国西部，护佑着一代代的宁夏儿女在山下繁衍生息。作为南北向的西部界山，他连起祁连山和阴山，抵御风沙和寒流；黄河，中华民族的母亲河，在贺兰山的庇护下，滋润着北方大地，沿河两岸稻米熟，瓜果香。他们共同养育着宁夏川，使其成为华夏文明的摇篮。

平罗所在的宁夏北部川区，就是沿黄文明的缩影。平罗2000多年的建县史，与贺兰山的地理锁钥密不可分，也因为黄河的穿境而过，平罗传统农业发达。从陆上丝绸之路到黄河引水灌溉工程，历代平罗儿女持续耕耘，成就了"塞上江南"。

平罗的大地风物，无不体现着山与河的交响。玉皇阁，作为平罗的地标建筑，汇集儒释道文化，在兵荒马乱的年代，给先民慰藉，在和平时期，给百姓带来祥和，是典型的丝路文化多元融合的象征；泥哇呜，用黄河的泥做成的古老乐器，吹奏着贺兰山下远古先民的回响；唐徕渠，世界级的水利工程，灌溉了川区，把苦寒之地变成鱼米之乡。在这片土地上，向日葵开，沙枣花香，葫芦满架，种桑养蚕，人们世代过着朴素而丰饶的生活。

平罗的孩子如何理解家乡？我们认为，把这些在地风物当作课程进行深度探索，让孩子建立对身边社会的理解，启蒙思维方式，产生家乡认同感，从而培养文化自信，铸牢民族共同体意识，这样的教育，既贴近生活，又面向未来，是呼应"扎根中国大地办教育"的积极探索。

二

为贯彻落实国家深化教育教学改革、全面提高义务教育质量的要求，推动平罗县基础教育高质量发展，根据《平罗县教育事业"十四五"规划（2021—2025年）》《平罗县基础教育质量提升行动实施方案》，平罗县教育体育局和兴庆区实验二小教育集团开展了"智慧+思辨"小学高质量课程与教学协同共建项目，一年多来，取得丰硕的成果，展现了项目蓬勃的生命力。

1. 以"思辨"为支点，落实国家新课程改革行动纲要

"智慧+思辨"项目的核心是"思辨"。中国传统教育注重"思辨"，儒家学术经典《礼记·中庸》就提出"博学之，审问之，慎思之，明辨之，笃行之"。本轮新课程改革注重学生核心素养导向的全面育人，在各学科领域，都提出"思维发展"要求，可见，思维能力是决定素养发展的关键。"智慧+思辨"项目聚焦"思辨"，既紧贴新课改方向，与日常教育教学生活紧密关联，又是对中国优秀传统教育思想的传承。

平罗城关八所小学作为本项目的实验点，开展了在地风物课程的开发与实践。在此过程中，全体教师提升新课程理论素养，进行大概念驱动课程建构培训，各校核心团队基于"思辨"进行项目统整教学设计，并多次参加全县小学教学展示，推动教师专业发展，提升学生思维能力，完成了第一轮项目课程的系统建设。

2. 以"智慧"为纽带，接轨宁夏"互联网+教育"大平台

2023年4月，作为全国首个"互联网+教育"示范区，宁夏"互联网+教育"建设通过教育部验收。人工智能时代，宁夏教育在数字化教育教学模式变革等方面取得了一批实践成果，形成了可复制、可推广的"宁夏经验"。

"给平罗儿童的在地风物课程"是城关八所学校对平罗的自然地理、历史文化、艺术成就、社会生活等各领域做的系统课程转化，建设成标准化、互动式教学资源，上线云端，实现"国家+地方双基础、传统+未来双场景、线上+线下双师资、学校+家社双学式、大概念+问思辨双支架"的双师课程——线上教师进行课程设计，线下教师组织探究教学，学习形式充分体现思维的交互性，一手对接传统，一手对接未来，将课程"智慧"赋能"互联网+"，实现师生素养双提升。未来，这些资源将不断完善，与平罗各乡镇学校共享，实现城乡教育均衡发展。

3. 以"协同"为抓手，建设平罗教育专业发展共同体

教育的社会意义就是凝聚共识，培养人才。宁夏"互联网＋教育"在"云－网－端"一体化服务体系建设、政研企校一体化合作机制创新中都有令人瞩目的成就。"一体化"就是汇聚各方教育资源，各美其美，美美与共，建设优质教育共同体。

本项目创造性地采用多方协同共建：教体局统筹管理项目运作，二小教育集团提供师资共建培训，西部研究院输出课程理论支持，各学校积极参与课堂实践。以"协同"为抓手，让本项目具备跨学科、跨情境、跨地域、跨校区的共建、共创、共享的共同体特点，让教体局、教研室、城乡各校都因项目而产生共生关系，汇聚更多优质师资力量，为平罗教育高质量发展赋能。

三

本书正是这一年多实践"智慧＋思辨"的见证。项目取得了丰富的成果，由宁夏教育厅教研室主办、平罗教体局承办的课程成果现场会吸引了八方来客，共同见证了平罗教育创新的喜悦。一次课程成果艺术展、多次"智慧＋思辨"教学展、几十节双师在线课堂、一本教师成果集出版、多本儿童通识读本面世……这些成果的取得都凝聚着协同共建的心力，为一方川区教育热土播撒种子，为平罗教育的未来发展奠定坚实基础。

山河交汇，万物生长；平川罗秀，生生不息。

祝福平罗教育。

目　录

"中国纸"问思辨教学设计

"渠"问思辨教学设计

"沙枣树"问思辨教学设计

"葫芦"问思辨教学设计

第1课

实施年级	五年级	超学科概念	定义
核心问题	葫芦是什么?		
认知目标	知道葫芦的不同名字。		
能力目标	能借鉴植物图谱的画法画彩色的葫芦,并标注出各部分的名称。		
素养目标	能够通过探究葫芦,懂得要多角度认识事物。		

探究进阶	探究时长	探究内容
学	1分钟	出示谜语:两兄弟,感情好,到哪都是手拉手,竖看就像数字8。(打一植物)引出探究问题。
问	葫芦是什么?	

思	思维进阶		开启问题	进行推断	总结/延展
	探究活动1	10分钟	哪些瓜果蔬菜是长在藤上的?	1.借助《葫芦兄弟》动画视频,明白葫芦是长在藤上的,从而说出长在藤上的瓜果蔬菜有葫芦、葡萄、黄瓜、豆角等。2.结合生活经验和观察图片,完成探究活动一记录表。	相同点:它们都攀附在藤架上生长。不同点:果实形状不同,茎软硬度不同。
	知道葫芦是长在藤上的。				

（续表）

	思维进阶		开启问题	进行推断	总结/延展
思	探究活动2	5分钟	葫芦还有哪些名字？	查找资料，寻找答案。	通过分享，知道"匏瓜"就是葫芦，中国古籍中，匏、壶、瓠都表示葫芦。
	探究葫芦的名字。				
	探究活动3	10分钟	葫芦从一棵小小的种子到结出果实，会经过怎样的旅程呢？	1.学生四人一小组，将手中的瓜和葫芦进行比较，说说它们的异同点。 2.观看葫芦生长视频，了解葫芦生长的过程。	葫芦的一生要经过催芽、育苗、上架、开花、结果、成熟这一系列过程。
	了解葫芦的植物属性。				
	建立模型		了解一种事物时，可以从多角度入手。		
辨	探究时长		引入辨点	探究活动	辨析总结
	5分钟		西葫芦是不是葫芦呢？	1.学生四人一小组进行讨论、交流。 2.请学生分享自己的观点。	西葫芦不是葫芦。
行	探究时长		探究活动		
	10分钟		1.将葫芦画在探究活动二中，并标出葫芦的根、藤、叶、花、果实。 2.展示学生作品。		

第1课探究单

探究活动一

观察以下植物，借助生活经验和图片，完成记录表。

植物名称	相同点	不同点
葫芦		
豆角		
黄瓜		
葡萄		

探究活动二

巧手绘制彩色葫芦。（温馨提示：可参考葫芦实物进行绘制，完成后，在相应位置标出葫芦的根、藤、叶、花、果实等各部分。）

第2课

实施年级	五年级	**超学科概念**		形式	
核心问题	什么是葫芦科植物？				
认知目标	了解葫芦科植物。				
能力目标	了解葫芦和瓜之间的关系，提高分析能力。				
素养目标	学会运用多种方法了解一种事物。				
探究进阶	**探究时长**		**探究内容**		
学	5分钟		出示图片，说一说这些瓜的名称，明确这些瓜都是葫芦的兄弟姐妹。		
问	什么是葫芦科植物？				

	思维进阶		开启问题	进行推断	总结/延展
思	探究活动1	5分钟	西瓜与葫芦有哪些相似之处？	1.出示图片，学生对比西瓜和葫芦，找出相似之处。2.四人一小组完成探究活动，分享交流。	葫芦和西瓜的果肉都可以食用，茎、枝有沟纹和柔毛，叶片呈卵形。
	寻找葫芦和西瓜的相似之处。				
	探究活动2	5分钟	了解葫芦科家族的其他成员。	查找资料，了解什么是葫芦科，葫芦科植物都有哪些。	南瓜、西瓜、香瓜、冬瓜、葫芦都属于葫芦科植物。
	了解葫芦科植物。				

（续表）

	思维进阶		开启问题	进行推断	总结／延展
思	探究活动3	5分钟	为什么葫芦科家族里有那么多瓜，却被称为"葫芦科"？	学生查找资料。	南瓜、西瓜、黄瓜、冬瓜、葫芦都是双子叶植物，根、枝、叶、花等都具有相同的特征，所以，植物学家将它们都归为同一种类，并命名为"葫芦科"植物。
	探究葫芦科的秘密。				
	建立模型		通过对比同一种族的成员认识这一类事物，是我们了解事物的常用方法。		
辨	探究时长		引入辨点	探究活动	辨析总结
	5分钟		所有的瓜都属于葫芦科吗？	思考交流，说一说你的理解。	不是所有瓜都是葫芦科植物，也有很多葫芦科的植物不是瓜，比如葫芦、西葫芦、绞股蓝、罗汉果等。
行	探究时长		探究活动		
	10分钟		利用思维导图，为你的家族绘制一份包含3~4代人的家族关系图。		

第 2 课探究单

探究活动

试着说一说葫芦和西瓜的相同点，完成表格。

名称	根	茎	叶	花	果
葫芦					
西瓜					

第3课

实施年级	五年级	超学科概念	变化		
核心问题	怎样搭建葫芦架？				
认知目标	了解葫芦生长需要攀附物。				
能力目标	能根据需要，选择适合葫芦的攀附物并进行搭建，提高动手实践能力。				
素养目标	培养学生的发散思维。				
探究进阶	探究时长	探究内容			
学	5分钟	1. 播放《葫芦兄弟》动画视频，学生了解视频中的葫芦是怎样长大的。 2. 学生寻找动画片里与现实不符的地方，了解葫芦生长需要架子支撑攀缘。 3. 学生观看视频，或观察带藤蔓的葫芦，了解葫芦的攀缘属性。			
问	怎样搭建葫芦架？				
思	思维进阶		开启问题	进行推断	总结/延展
	探究活动1	5分钟			分析：葫芦、葡萄果实垂坠，需要使用顶棚支架。 蔷薇花朵质量不大，侧面靠墙更利于观赏，所以使用靠墙支架。 总结：植物的不同生长特性，以及人类对其的不同需求，决定了所需支架的受力角度不同，导致支架类型不同。
	搭建葫芦架。		如何选择架子的类型？	观察探究单中两种架子的图片，试着选出下方植物所需的支架，并分析原因。	

（续表）

	思维进阶		开启问题	进行推断	总结/延展
思	探究活动2	10分钟	选择搭建葫芦架的材料。选择搭建葫芦架的材料时要考虑哪些因素？	1. 各小组从ABC三类场景中选择感兴趣的一个，并根据条件从材料箱里选择搭建葫芦架的主体支撑材料、配件连接材料。 A：一位农民在农田里种植普通可供使用的葫芦（使用）； B：一户人家在屋顶花园种植观赏性彩色小葫芦（赏）； C：在农业园内100亩土地上种植超大个头食用葫芦（产量）。 2. 小组合作绘制设计图，判断设计方案是否可行。	1. 搭建葫芦架的材料，要根据种植规模、种植品种，以及种植的目的来选择。 2. 葫芦棚架的大小要根据种植面积和栽培的株数来决定。一般每亩土地种植600棵左右葫芦，棚架高2米左右，棚顶绑成间隔30厘米左右的井字形状，用绳子绑结实，以抵御风的袭击和葫芦本身重力的压迫。

（续表）

	思维进阶		开启问题	进行推断	总结/延展
思	探究活动3	15分钟	搭建过程中要考虑哪些因素？	1. 小组合作，利用手中的材料搭建葫芦架，展示搭建成果，并说说理由。 2. 教师出示图片，补充预防因素：恶劣天气、降水、土壤、阳光等。 3. 小组互评质疑：这样搭有什么好处？有没有什么问题？搭建过程中还要考虑哪些因素？ 4. 如果有一天我们去沿海城市、热带地区、太空、火星生活，我们该怎么搭葫芦架？	需求不同，搭建架子的方式也不同，地理位置、环境、地势、排灌能力、肥力、气候，以及材料、成本、人为干预等，都是我们搭建过程中要考虑的因素。
	根据设计方案动手搭建葫芦架，用实践检验自己的方案。				
	建立模型		科学合理的人工干预，能让植物生长成人类需要的状态。		
辨	探究时长		引入辨点	探究活动	辨析总结
	7分钟		是人类驯化了葫芦，还是葫芦驯化了人类？	学生辨论，分享自己的观点：人类从葫芦身上得到了什么？葫芦从人类这里得到了什么？	人类对葫芦的需求决定了葫芦的样子，因此是人类驯化了葫芦。
行	探究时长		探究活动		
	3分钟		不是所有葫芦科植物生长过程中都需要搭架子，探究种植西瓜时为什么不搭架子。		

第 3 课探究单

探究活动

请观察以下两种架子类型，试着选出下方植物所需的支架，并分析原因。

架子类型	选择植物	选择原因
 顶棚支架		
 靠墙支架		

第4课

实施年级	五年级	超学科概念	功能
核心问题	葫芦科植物可以用来做什么？		
认知目标	了解葫芦科植物在生活中的应用。		
能力目标	能结合葫芦本身特点分析葫芦有各种用途的原因。		
素养目标	知道植物的功用取决于它的特性。		

探究进阶	探究时长	探究内容
学	5分钟	通过分享生活中见过的葫芦科植物引入课题，观看视频，了解葫芦科。
问	葫芦科植物可以用来做什么？	

思	思维进阶		开启问题	进行推断	总结/延展
思	探究活动1	15分钟	葫芦是吃的、用的，还是欣赏的？	以小组合作的方式，从以下三个问题中选择一个问题进行探究。1. 葫芦能吃吗？是什么条件让它具备了这个功能？2. 葫芦能用吗？是什么条件让它具备了这个功能？3. 具备欣赏价值的葫芦都有哪些特点？	葫芦能吃，它的口感鲜嫩，皮是嫩绿色，外观有多种样式。是口味、软硬、营养等因素让它具备这个功能的。葫芦能用，它成熟后外壳木质化，防水、体轻，外形多以圆形为主。是它的质地等因素让它具备这个功能的。具备欣赏价值的葫芦外壳坚硬，表面光滑，呈淡黄色，外形有多种样式。因它外观漂亮、实用，使它具备了观赏功能。
				探究葫芦的用途。	

（续表）

	思维进阶		开启问题	进行推断	总结/延展
思	探究活动2 用葫芦进行创作。	10分钟	给你一个葫芦，你会用它做什么？	小组合作，从"吃、用、欣赏"三个角度选择一个，创作相关的葫芦作品。	葫芦可以做成美味的佳肴，也可以做成盛器等用品，还可以做成精美的装饰品。
	探究活动3 探究葫芦科中还有哪些植物同时具备吃、用、欣赏这三种功能。	10分钟	哪些葫芦科植物同时具备吃、用、欣赏这三种功能？	1. 回想自己知道的葫芦科植物中，哪些同时具备吃、用、欣赏这三种功能。 2. 查阅资料，找出同时具备这三种功能的葫芦科植物。	鹤首瓜在鲜嫩时可以用来食用；成熟后不可食用，但是它坚硬的果壳可以制作成容器或者是捶背的工具；它还可以用来制作文玩工艺品，非常别致。
	建立模型		葫芦作为葫芦科植物中的一员，同时具备吃、用、欣赏三种功能，但并不能代表所有的葫芦科植物都同时具备这三种功能。		
辨	探究时长		引入辨点	探究活动	辨析总结
	5分钟		为什么不是所有的葫芦科植物都能吃、能用、能欣赏？	小组讨论：为什么都是葫芦科植物，它们的功能却不同？	每种植物都有自己的用途，我们要正确地看待它们。
行	探究时长		探究活动		
	10分钟		葫芦的哪种价值（吃、用、欣赏）对人类贡献最大？		

第5课

实施年级	五年级	超学科概念		原因
核心问题	葫芦从古至今都有哪些妙用？			
认知目标	深入了解葫芦。			
能力目标	1. 培养搜集、整理资料的能力。 2. 在活动实践中，提升团队合作能力和动手操作能力。			
素养目标	懂得一种植物的功能是由它本身的特性决定的。			
探究进阶	探究时长	探究内容		
学	5分钟	播放视频，引出葫芦可以制作乐器，并播放葫芦丝表演视频。		
问	葫芦从古至今都有哪些妙用？			

思	思维进阶		开启问题	进行推断	总结/延展
	探究活动1	5分钟	除了制作葫芦丝，葫芦还有哪些妙用？	学生分享课前搜集的有关"葫芦有哪些妙用"的资料。	人们将美好的愿望、寓意，通过神话和镌刻的方式寄托在葫芦上。
	了解葫芦从古至今的妙用。				
	探究活动2	5分钟	同属葫芦科，古人为何只用葫芦制作瓢？	学生对比葫芦、西瓜、南瓜、西葫芦的果皮，再将四种果实去瓤舀水，比较为何葫芦更适合做瓢。	1. 四种果实中，葫芦最坚硬，更耐用。 2. 葫芦制成的瓢有把儿，使用起来更方便。
	了解葫芦的材质特点。				
	探究活动3	5分钟	为何人们现在很少用瓢了？	请同学们拿出准备好的家里最古老的物件，并与同样功能的现代化智能器件进行比较。	随着技术发展，很多器具已经在生活中被逐渐取代甚至消失了。
	探究瓢已很少见的原因。				
	建立模型		科技的进步一方面为我们的生活带来了便利，另一方面，也让很多老物件面临消失。		

（续表）

	探究时长	引入辨点	探究活动	辨析总结
辨	5分钟	未来葫芦还会如此受宠吗？	学生分组讨论。	通过辩论，部分同学认为葫芦有可能渐渐淡出人们的生活直至消失，我们要保护它。

	探究时长	探究活动		
行	10分钟	结合生活经验，用葫芦制作一件生活中能用到的器具。		

第5课探究单

探究活动

课前，每个小组准备一个西瓜、南瓜、西葫芦、葫芦。

第一步：观察、触摸四种果实。

第二步：在老师的帮助下将四种果实竖着切成两半，并用勺子去瓤。

第三步：用处理后的果实舀水，对比效果。

名称	共性特点	适合做瓢的个性特点
西瓜		
南瓜		
西葫芦		
葫芦		

第6课

实施年级	五年级	超学科概念		联结
核心问题	为什么葫芦能制作匏器?			
认知目标	知道什么是匏器。			
能力目标	提高学生的动手能力、审美能力。			
素养目标	增强学生对民间工艺品的传承和保护意识。			
探究进阶	探究时长		探究内容	
学	5分钟		欣赏视频,获取信息,交流汇报。	
问	为什么葫芦能制作匏器?			

思	思维进阶		开启问题	进行推断	总结/延展
	探究活动1	10分钟	为什么选择葫芦制作匏器?	对比葫芦和其他瓜果,切一切,玩一玩,刻一刻……发现它们的不同之处,完成探究活动一。	黄色的葫芦,时间愈久,其色愈重,更有观赏性,因而人们常用葫芦制作匏器。
	探究葫芦与其他瓜果的不同之处。				
	探究活动2	10分钟	不同状态下的葫芦有何异同?	观察不同状态下的葫芦,完成探究活动二。	自然生长的葫芦主要以椭圆、卵圆、直的、弯的、单室和双室等为主,其花纹是自然生长纹。在生活中,它们可食用也可使用。在人为干预下生长的葫芦形态各异,其花纹寓意多样,可把玩,可观赏。经过加工后的葫芦,其形状更加精致美观,花纹极具艺术气息。
	对比不同状态下的葫芦。				

（续表）

	思维进阶		开启问题	进行推断	总结/延展
思	探究活动3	10分钟	怎样制作匏器?	小组合作,尝试用手中的葫芦制作匏器,画好后进行展示。	通过亲手制作,知道匏器的制作方法有很多,可以画,也可以雕刻等。
	小组合作,制作自己的匏器。				
	建立模型		人们把葫芦制作成各式各样的匏器,是为了满足人们日常生活中的需要。		
辨	探究时长		引入辨点	探究活动	辨析总结
	10分钟		南瓜为什么不能用来制作匏器?	同学们相互讨论并发表自己的观点,完成思维导图。	不同特性的事物有不同的用途。
行	探究时长		探究活动		
	5分钟		集思广益,为面临消失的传统民间工艺品制定保护方案,整理好后,以学校的名义邮寄给相关文化和旅游部门。		

第6课探究单

探究活动一

小组合作完成表格。

特点\名称	硬度	形状	保质期	内部结构	容量
葫芦					
其他瓜果					

探究活动二

观察匏器，小组合作完成表格。

特点 状态	硬度	内部结构	容量
自然生长			
人为干预			
加工			

第7课

实施年级	五年级	超学科概念	观点
核心问题		"依葫芦画瓢" 可行吗?	
认知目标		通过亲身感悟和自主探究,了解模仿对不同领域学习的重要性。	
能力目标		能够辨别和拒绝社会上的抄袭行为。	
素养目标		理解模仿的可行和抄袭的不可行,体会基于模仿的创新精神的重要意义。	

探究进阶	探究时长	探究内容	
学	5分钟	1. 观看视频,了解"依葫芦画瓢"的典故。 2. 引导学生根据实物葫芦画瓢,引出探究主题,了解创新的含义。	
问	"依葫芦画瓢" 可行吗?		

思	思维进阶		开启问题	进行推断	总结/延展
	探究活动1	5分钟	你知道"依葫芦画瓢"是什么意思吗?	1."依葫芦画瓢"比喻刻板地照着做。 2.学生根据实物葫芦画一个瓢。	同学们参考同一个葫芦却画出了不一样的"瓢",考虑到了葫芦的特点创造出不一样的作品,这是加入自己想法进行的创作。
	理解"依葫芦画瓢"。				
	探究活动2	10分钟	生活中有哪些成功的模仿行为呢?	1.教师出示一组模仿世界名画的图片,学生欣赏。 2.小组合作,选取一幅名画,完成一个模仿作品。展示后,交流自己的感受。 3.你还知道哪些积极的模仿行为?	我们在学习语言及技能时,正确有效的模仿可以让我们学习别人的经验,快速抓住经典规律,从而提升自己的能力。
	探究适当的模仿是可行的。				

（续表）

	思维进阶		开启问题	进行推断	总结/延展
思	探究活动3	10分钟	不良的模仿行为体现在哪里呢？	1. 结合生活经验了解各个行业的抄袭现象。 2. 你对抄袭行为有什么看法？	学习借鉴必不可少，但是不能盲目地做一个复制、粘贴的拿来主义者。
	探究抄袭是不可行的。				
	建立模型		通过探究模仿和抄袭的区别，了解创新精神的重要意义。		
辨	探究时长		引入辨点	探究活动	辨析总结
	8分钟		从惟妙惟肖到东施效颦，我们究竟该不该模仿？	阅读资料，学生分类辨析，再结合实际展开讨论，从各自立场说明观点和理由。	我们应该有效、适度模仿，拒绝抄袭。模仿时还要加上创新，才能有所成就。
行	探究时长		探究活动		
	10分钟		在葫芦纸浆面具上，结合花草蔬菜拓印，完成一个创意作品。		

第7课探究单

探究活动

请你根据实物葫芦画一个瓢吧！

第8课

实施年级	五年级	超学科概念		表现
核心问题	为什么葫芦娃的形象深入人心？			
认知目标	知道葫芦娃的形象特征。			
能力目标	了解与葫芦相关的人物。			
素养目标	通过探究葫芦娃形象深入人心的原因，懂得辩证地看待问题。			
探究进阶	探究时长	探究内容		
学	3分钟	播放《葫芦兄弟》，介绍其中的人物。		
问	为什么葫芦娃的形象深入人心？			

思		思维进阶	开启问题	进行推断	总结／延展
	探究活动1	5分钟	葫芦娃分别有着怎样的形象特征呢？	1.教师出示七个葫芦的图片，学生猜人物。2.交流自己最喜欢的葫芦娃及原因。	七个葫芦娃各有特点：头顶的葫芦颜色、衣服颜色以及每个葫芦娃的本领都各有不同。
	探究葫芦娃的形象特征。				
	探究活动2	15分钟	你还知道哪些与葫芦有关的人物形象？	1.学生交流自己了解的与葫芦有关的人物，如：太上老君、铁拐李等。2.六人一小组，选取一个喜欢的与葫芦有关的人物进行模仿表演。	从古至今，有很多人钟爱葫芦。
	了解与葫芦有关的人物形象。				

（续表）

	思维进阶		开启问题	进行推断	总结/延展
思	探究活动3	5分钟	葫芦究竟有哪些象征意义呢？	1.学生自由阅读探究材料，组内交流葫芦的象征意义。 2.学生交流想要在宝葫芦里装些什么。	小小的葫芦饱含着吉祥、长寿、福禄等美好的愿望。葫芦不仅可爱，还具有属于它们自己的鲜明特色，所以深受大家喜爱。
	探究葫芦的象征意义。				
	建立模型		葫芦娃们的颜色、外貌、性格都很鲜明，葫芦背后的象征意义让葫芦娃的形象更加深入人心。		
辨	探究时长		引入辨点	探究活动	辨析总结
	5分钟		深入人心的形象都是正面的、积极向上的吗？	以小组为单位，结合实际生活、影视剧作品、文学作品进行讨论。	深入人心的形象可能是正面的，也可能是反面的，但不管是哪一面，都会带给我们警醒、启示。
行	探究时长		探究活动		
	7分钟		运用研究葫芦的方法，以石榴为研究对象，尝试解释它的文化意义。		

第8课探究单

探究活动

材料：

葫芦是一种常见的植物，它在中国文化中有着深远的寓意和象征。

首先，葫芦在中国传统文化中被视为吉祥物。在传统文化中，葫芦有着吉祥、长寿、平安、健康等象征意义。这是因为葫芦外观呈现出圆满、无障碍的形态。在中国的古代医学中，葫芦也是一种非常重要的药材，在药用价值方面也有很高的地位。

其次，葫芦还有非常重要的神话和传说背景。在中国古代神话中，葫芦被认为是一种可以驱邪、避恶、托梦的神奇器物；在民间信仰和传说中，葫芦也被视作招财聚福的象征。

葫芦的寓意和象征也延伸到了文学和艺术领域。在文学中，葫芦常被作为民俗文化的象征物。葫芦出现在许多古代的诗词和传说中，展现了中国传统文化的丰富性和多样性。而在艺术中，葫芦也被广泛地运用。许多中国传统的工艺品，如葫芦摆件、紫砂葫芦茶壶、脆漆葫芦画等，都充分地展现了葫芦优美的曲线和特殊的寓意。

综上所述，葫芦在中国文化中具有吉祥和康宁的象征意义，被广泛地运用于道教、民俗信仰、文学和艺术等领域，是一种非常特别的文化符号。

第9课

实施年级	五年级	超学科概念	关系
核心问题	葫芦为什么是我国的一种文化符号？		
认知目标	了解葫芦是如何在生活中由实物性符号发展成为中华文化符号的。		
能力目标	能够辨析葫芦是实用性符号还是中华文化符号。		
素养目标	培养学生对中国传统文化的喜爱之情。		

探究进阶	探究时长	探究内容		
学	5分钟	1.展示生活中常见的葫芦物品图片，说说葫芦在生产生活中扮演了哪些角色。 2.播放视频：什么是中华文化符号？		
问	葫芦为什么是我国的一种文化符号？			

思	思维进阶		开启问题	进行推断	总结 / 延展
	探究活动1	5分钟	葫芦为什么是我国的一种文化符号？	1.展示有关葫芦文化形成的资料。 2.小组进行交流汇总，并选代表汇报。	自新石器时代开始，葫芦逐步从食物、器皿、乐器、饰品发展成为人们传递福禄吉祥、悬壶济世等美好寓意的中华文化符号。
	了解葫芦是如何逐步发展成一种文化符号的。				
	探究活动2	8分钟	假如你是一名"葫芦文化节"的交流宣传大使，你想怎样宣传我们的葫芦文化？	四人小组合作，设计一份学校"葫芦文化节"宣传策划方案。	葫芦文化是世界多个国家寓意共通的优秀文化资源，是各民族之间文化认同、融合包容的有益载体，我们可以从音乐、医学、装饰设计、国画、烙画等方面向世界展示交流我国的葫芦文化。
	设计一份"葫芦文化节"宣传策划案。				

（续表）

	思维进阶		开启问题	进行推断	总结/延展
思	探究活动3	12分钟	如何让葫芦成为世界人民喜闻乐见的一种中华文化符号呢？	组织情景表演，由两名学生扮演"葫芦文化宣传大使"，其余同学扮演不同国家的游客，互相交流。	葫芦有着柔性的亲和力，更有着刚性的渗透力，弘扬葫芦文化，会对中华传统文化创新性发展产生积极的意义。
	模拟交流，激发文化自豪感。				
	建立模型		葫芦在中国文化中具有丰富的象征意义。		
辨	探究时长		引入辨点	探究活动	辨析总结
	5分钟		世界在发展，时代在进步，葫芦能作为一种文化符号亘古不变吗？	请同学们仔细回顾葫芦为什么能成为一种中华文化符号，然后议一议：未来，葫芦会一直都是中华文化的代表符号吗？	无论从食物、器皿，还是医药、祀器方面，葫芦都算是一个十分完整的个体表象。葫芦是中华文化中有着丰富内涵的果实，它不仅是一种自然瓜果，还是一种人文瓜果。但世界在变化，我们不能确定葫芦会一直是一种文化符号，把它交给未来，接受未来的考验吧！
行	探究时长		探究活动		
	5分钟		制作葫芦文化交流品，可用绘、制、编、刻、烙等方法，将自己的美好愿望寄托在葫芦上，让它们作为维系情感的纽带，传遍世界。		

第9课探究单

探究活动

1. 假如你是一名"葫芦文化节"的交流宣传大使，你会怎样用手中的葫芦表达自己的想法，实现文化交流？

2. 四人小组合作，设计一份"葫芦文化节"宣传策划方案。

"葫芦文化节"宣传策划方案			
主策划		成员	
宣传角度		宣传形式	
材料准备			
实施方案：			

（"葫芦"课程编写人员：刘艳、杨淑萍、王月、陈玲香、李富荣、施荣华、马茹、余嘉欣、马晶、沈丹、任瑞丰、张佳玉、赵展、马娇、张凤展、高巧荣、贺玉、高茹燕、马丽娟、雷倩、辛露露、黄丽莹、李玲、陈宇、张宁、杨丹、夏青、闫芯、张燕、孙秀娟、王姝、刘迎萍、马婷、赵转周）

"玉皇阁"问思辨教学设计

第1课

实施年级	五年级	超学科概念		定义
核心问题	玉皇阁为什么是阁？			
认知目标	知道楼和阁的总体特征和具体区别。			
能力目标	通过学习楼和阁的具体特征，了解楼和阁的建筑特点。			
素养目标	感受中国古人修建玉皇阁的智慧，增强民族自信心。			
探究进阶	**探究时长**	**探究内容**		
学	7分钟	1. 观看视频，初步了解平罗玉皇阁。 2. 请同学们分享自己游览玉皇阁的经历，说一说玉皇阁给自己留下了怎样的印象。		
问	玉皇阁为什么是阁？			
思	**思维进阶**	**开启问题**	**进行推断**	**总结／延展**
	探究活动1 5分钟			阁的特点：四敞为阁，有平坐（多层建筑挑出的平台或走道，一般外沿设栏杆），底部架空，四面开窗。视野开阔，用来观景或储藏，如藏经阁、文渊阁等。
	了解楼和阁的区别。	楼和阁是传统建筑的两种形式，楼和阁有什么区别？	观看视频，阅读材料，了解楼和阁的不同，并完成探究活动。	楼的特点：重屋为楼，没有平坐，底部有高台，如黄鹤楼等。 玉皇阁四面宽敞，视野开阔，且四面开窗，所以是阁。

（续表）

	思维进阶		开启问题	进行推断	总结/延展
思	探究活动2	5分钟	为什么平罗会修建玉皇阁呢？	通过观看视频了解平罗县的演变和来历。小组合作讨论。	平罗县地理位置十分重要，它曾经饱经战火摧残，民不聊生，百姓愁苦。在这样的情况下修建玉皇阁，寄托了人们逃离水深火热的战争灾难，战胜外族入侵，获得和平的希望。
	了解平罗修建玉皇阁的原因。				
	建立模型		认识古建筑，不仅要看样式，还要看它和当地的联系。		
辨	探究时长		引入辨点	探究活动	辨析总结
	5分钟		修建这样一座建筑，是为了人还是为了神？	请同学们观看视频，并分组展开辩论。	修建玉皇阁最初的目的是寄托人们期盼社会安宁、百姓丰收的愿望，是为了人。后来不断扩建是古时君王为了稳固皇权，表达了帝王的政治愿望，也是为了人。修建玉皇阁自始至终都是为人的主观愿望服务。所以，平罗修建玉皇阁是为了人。
行	探究时长		探究活动		
	10分钟		出示玉皇阁全景图、玉皇阁游玩打卡地图等，让学生化身为小导游，画出自己的游览线路图并介绍。		

第1课探究单

探究活动

材料：

楼和阁是传统建筑的两种形式，阁指下部架空、底层高悬的建筑，楼是指重屋。

形态区别：阁平面一般为方形、长方形或多边形，两层，有平坐，四周设木桶扇，四面开窗，视野开阔，用来观景或储藏。楼则多狭而修曲，没有平坐，底部有高台。

在建筑群中的位置区别：阁在建筑组群中可居主要位置，随着楼房的兴起，阁逐渐演变成供佛、藏书、游息、远眺之用的建筑物。楼是供人居住的房屋，在园林建筑中多为两层，个别也有三层的。楼在建筑组群中常居于次要位置，如佛寺中的藏经楼，王府中的后楼、厢楼等，处于建筑组群的最后一列或左右厢位置。

请同学们小组合作学习，完成表格。

	阁	楼
形态		
位置		
有无平坐		
底部是否架空		
结论		

第2课

实施年级	四至六年级	超学科概念		形式
核心问题	玉皇阁是一个怎样的古建筑群？			
认知目标	学习和了解玉皇阁古建筑群的特点。			
能力目标	了解古建筑群的布局特征，合作完成房屋平面图的设计。			
素养目标	感受古建筑中蕴含的文化和精神。			
探究进阶	探究时长	探究内容		
学	7分钟	教师出示建筑群的相关知识及视频，学生初步了解建筑群的定义。		
问	玉皇阁是一个怎样的古建筑群？			

	思维进阶		开启问题	进行推断	总结/延展
思	探究活动1	5分钟	玉皇阁建筑群布局有哪些特点？	阅读探究活动一的材料，小组合作讨论玉皇阁建筑群的布局特点。	玉皇阁的四个组成部分结构精巧，层次分明，从前到后分为四进：山门楼、八仙殿、玉皇阁、三母殿，一进高过一进，逐级而上，过渡自然和谐，整齐对称，体现了中国古建筑组合样式的特点。
	了解玉皇阁建筑群的布局特点。				
	探究活动2	5分钟	玉皇阁是高台建筑，那么高台建筑有何特点？	请同学们观看视频，结合探究活动二的材料，总结高台建筑的特点。	玉皇阁是高台建筑，高台建筑流行于战国到西汉时期，以高大的夯土台为基础和核心，其特点是外观宏伟，位置高敞。
	了解高台建筑呈现的样式特点。				

（续表）

	思维进阶	开启问题	进行推断	总结/延展
思	探究活动3　5分钟 探究玉皇阁的建筑由南向北依次增高的原因。	玉皇阁的建筑为什么由南向北依次增高？	观看玉皇阁平面图及相关视频，根据古建筑群选址和朝向规律，探究原因。	玉皇阁是古建筑群，房屋因地势由南向北依次升高，坐北朝南，楼阁相拥，体现中国的礼教制度。
	建立模型	中国的古建筑群朝向一般是坐北朝南，这一布局与采光和气候，以及中国封建思想有关。选址是根据地理位置来选择的。建筑布局整齐对称，大都呈群体分布，有主体建筑、主要建筑与次要建筑之分。古建筑是反映城市地位和精神文明的重要标志。		

	探究时长	引入辨点	探究活动	辨析总结
辨	5分钟	建筑越高越受瞩目吗？	请同学们观看视频，并分组展开辩论。	建筑的高度不一定是判断它在建筑群中重要性的标准。

	探究时长	探究活动
行	5分钟	绘制饮马湖公园布局图。

第2课探究单

探究活动一

材料：

　　平罗玉皇阁是座宏伟壮观的古建筑群，楼阁簇拥，基高顶尖，始建于清光绪元年（1875），1939年续修。玉皇阁建筑主体是土木结构，以严格的中轴线对称为特点，坐北朝南，分为四级，渐次升高，最高点距离地面26.2米，建筑面积4440平方米。其造型独特，规模宏伟，楼阁层叠，气势恢宏，富有民族特色。

探究活动二

材料：

高台建筑流行于战国到西汉时期，是当时重要官殿台榭多采用的建筑形式。高台建筑以高大的夯土台为基础和核心，是在夯土版筑的台上层层建屋，木构架紧密依附夯土台而形成土木混合的结构体系，通过将若干较小的单体建筑聚合组织在一个夯土台上，取得体量较大、形式多变的建筑式样。这种建筑外观宏伟，位置高敞，非常符合官殿建筑的需求。

第3课

实施年级	六年级	超学科概念		变化
核心问题	玉皇阁经历了哪些变迁？			
认知目标	了解玉皇阁的变迁史。			
能力目标	了解判断古建筑年代的方法，知道古建筑与仿古建筑的区别。			
素养目标	通过辨析修缮古建筑的利与弊，感受其背后的文化、科学和艺术价值。			
探究进阶	探究时长	探究内容		
学	7分钟	介绍玉皇阁的历史，引出探究问题。		
问	玉皇阁经历了哪些变迁？			

思	思维进阶		开启问题	进行推断	总结/延展
	探究活动1	7分钟	如何判断古建筑的所属年代？	观看不同时期古建筑屋顶特点的视频，了解不同时期古建筑屋顶的不同特点，以此为依据判断玉皇阁等古建筑的年代。	可以根据屋顶和山花判断古建筑的年代。
	探究判断古建筑年代的依据。				
	探究活动2	5分钟	应该如何加固和维护古建筑？	观看故宫彩画的修复案例视频，听听修复师是怎么说的。	在古建筑修缮上我们要坚持修旧如旧原则：1. 安全为主；2. 风格统一；3. 预防为主；4. 旧料利用。
	探究合理加固、维护古建筑的方法、原则。				
	探究活动3	5分钟	现代的玉皇阁还能被称为古建筑吗？	1. 交流讨论如今的玉皇阁是不是古建筑。2. 分辨平罗的玉皇阁、接引寺、鼓楼是古建筑还是仿古建筑。	古建筑是一座城市的记忆，是城市历史的见证者，它承载着这座城市的文化积淀，也是重要的爱国主义教育场所。
	探究古建筑和仿古建筑的区别。				

（续表）

思	建立模型	古建筑需要我们正确地保护和修复才能更好地存在。		
辨	探究时长	引入辨点	探究活动	辨析总结
	6分钟	修缮古建筑是破坏还是保护？	同学们分别代表正方和反方，开展小型辩论会。	古建筑承载着悠久的历史文化，只有正确合理地修缮和保护，才能使其历史、艺术、科学价值得到更好保护和传承。
行	探究时长	探究活动		
	5分钟	发现并记录校园中存在的损坏或修复不当的问题，提出合理建议，并记录在探究单上。		

第3课探究单

探究活动

同学们，请为维护我们的校园提出合理的建议吧！

方面	问题	建议
校园安全		
校园环境		
校园墙壁		
设施设备		

第 4 课

实施年级	五年级	超学科概念		功能	
核心问题	平罗玉皇阁为什么被称为"西北第一阁"?				
认知目标	知道玉皇阁被称为"西北第一阁"的原因。				
能力目标	通过探究玉皇阁在道教、军事及景观等方面的贡献,辨析玉皇阁的功能。				
素养目标	知道玉皇阁是我们的宝贵财富,提高保护古建筑的意识。				
探究进阶	探究时长		探究内容		
学	5分钟		通过图片及视频资料,了解我国四大古建筑群、西北地区知名古建筑群以及宁夏十大古建筑。		
问	平罗玉皇阁为什么被称为"西北第一阁"?				
思	思维进阶		开启问题	进行推断	总结/延展
	探究活动1	5分钟	古代人和现代人分别去玉皇阁做什么?	观看玉皇阁建筑群内外景视频,查找资料,了解古今人们去玉皇阁的不同目的。	时代不同,人们去玉皇阁的目的也发生了改变。古代:以道教、军事为目的,祈求风调雨顺、国泰民安。现在:赏古迹、游公园。
	对比玉皇阁的古今作用。				
	探究活动2	5分钟	为什么玉皇阁要建在高台上?	通过了解类似的高台建筑,如长城,结合探究活动的材料,进一步加深对玉皇阁的认识。	玉皇阁与长城等高台型的建筑,在古代都具有瞭望敌情的防御作用。
	探究玉皇阁建造在高台上的原因。				
	建立模型		古建筑是研究历史、激发爱国热情的实物,是发展旅游业的重要物质基础,也是新建筑设计和新艺术创作的重要借鉴对象。		

（续表）

	探究时长	引入辨点	探究活动	辨析总结
辨	5分钟	规模大就能称"第一"吗?	视频展示规模大却不是第一的建筑, 同学们观看视频, 并分组展开辩论。	通过辩论, 我们明白了, 建筑之所以能被冠以"第一"的美称, 并不仅仅局限于"规模大"这一特点, 更在于它背后所蕴含的深刻人文内涵。

	探究时长	探究活动		
行	10分钟	展示中国长城、埃及金字塔、埃及狮身人面像、古罗马斗兽场的图片, 化身游客去云游, 领略四大建筑群的独特风采。		

第4课探究单

探究活动

材料:

原始社会的穴居、半穴居穴底和四壁相当潮湿, 长期居住不利于身体健康, 而高台建筑可以达到防潮的目的。台基上的木构建筑有利于通风, 在卫生上也有一定程度的优越性。最为重要的一点是, 高台建筑可居高临下, 既便于瞭望, 又利于防守。战国时期高台建筑的盛行和这有很大的关系。

位于陕西省榆林市城北4千米红山顶上的镇北台, 始建于明万历三十五年（1607）, 是万里长城的重要关隘和军事瞭望台。镇北台是明代长城遗址中最为宏大、气势最为磅礴的建筑物之一, 素有"长城三大奇观（山海关、镇北台、嘉峪关）之一"和"万里长城第一台"之称。

第5课

实施年级	四年级	超学科概念		原因
核心问题	平罗为什么会建玉皇阁？			
认知目标	探究玉皇阁选址的奥秘。			
能力目标	通过军事地理、人文地理探究玉皇阁选址的原因。			
素养目标	理解建造玉皇阁的历史意义。			
探究进阶	探究时长		探究内容	
学	5分钟		教师介绍玉皇阁所处的地理位置，引出探究问题。	
问	平罗为什么会建玉皇阁？			

思		思维进阶	开启问题	进行推断	总结 / 延展
	探究活动1 5分钟 了解玉皇阁选址在平罗的原因。		平罗境内的城堡最初有哪些人来驻扎？	查找资料，讨论交流。	选择城址时要综合考虑军事、人文、地理等因素。
	探究活动2 10分钟 了解600年前北方防御要塞建在平罗的原因。		600年前，北方的防御要塞为什么会建在平罗？	1.观察宁夏地形地貌图，圈出平罗、中卫、银川的位置。 2.你发现这三座城市分布的共同特点了吗？	宁夏的重要城池大多依黄河而筑。平罗，古称"平虏"，有"平定胡虏"之意。
	建立模型		通过对玉皇阁军事地理、人文地理的探究，了解军事防御对古建筑群选址的重要性。		

（续表）

	探究时长	引入辨点	探究活动	辨析总结
辨	5分钟	"平房"就意味着和平吗？	围绕辨点展开辩论。	对和平的向往自古流淌在中国人的血液中，是中华民族几千年来的核心诉求之一！

	探究时长	探究活动		
行	5分钟	在学校附近为文具店选择一个合适的店址，并说一说自己的理由。		

第6课

实施年级	四年级	超学科概念		联结
核心问题	中国为什么有那么多玉皇阁？			
认知目标	了解中国各地的玉皇阁。			
能力目标	了解玉皇阁的文化象征意义，感受玉皇阁文化。			
素养目标	感受中国古人建筑玉皇阁的智慧，增强民族自信心。			
探究进阶	探究时长		探究内容	
学	5分钟		观看视频，欣赏各地玉皇阁的建筑风格，了解玉皇阁遍布全国的情况。	
问	中国为什么有这么多玉皇阁？			
思	思维进阶	开启问题	进行推断	总结/延展
	探究活动1　5分钟			玉皇阁里供奉的"神"，或是为国家民族立下汗马功劳的功臣名将，或是造福一方的廉吏贤哲。他们有的名垂青史，有的功勋卓著，是备受百姓推崇爱戴的历史人物，不是凭空想象的。
	了解玉皇阁里供奉的"神"多是受百姓推崇爱戴的历史人物。	玉皇阁里的神像都有哪些？	观看视频，查找资料，交流讨论。	
	探究活动2　5分钟			各地的玉皇阁是整个城市逐步繁荣的历史见证，一方面，其军事作用突出，加强了边关重镇的攻守能力，能瞭望敌情，防御外侮；另一方面，玉皇阁适应了居民在精神生活上日益增多的需要，一举两得。
	了解在不同时期，玉皇阁的修建与当地社会背景的关系。	在不同时期，玉皇阁的修建与当地的社会背景有什么关系呢？	查找资料，交流讨论。	
	建立模型	玉皇阁是品德美、精神美和人格美的一种象征。		

	探究时长	引入辨点	探究活动	辨析总结
辨	5分钟	人们把备受推崇的历史人物当成"神"，这是迷信吗？	观看视频资料，结合生活实践展开辩论。	备受推崇的历史人物都是在一定的历史时期对社会历史进程或重大历史事件有突出作用的、影响较大的、留下明显痕迹的人。他们对历史发展有着重大影响，甚至起决定性作用，是人们品德、精神、人格的向导和价值取向。

	探究时长	探究活动
行	5分钟	探究中国结文化象征着什么。

第7课

实施年级	五年级	超学科概念		观点
核心问题	玉皇阁为什么是文化遗迹？			
认知目标	学习和了解文化遗迹的特点。			
能力目标	辨别文化遗迹与普通建筑的区别，学习保护古迹的方法。			
素养目标	了解文化遗迹的不同特点，感受古建筑的人文魅力。			
探究进阶	探究时长	探究内容		
学	5分钟	观看宁夏文化遗迹的视频，初步了解文化遗迹的特征，进行交流。		
问	玉皇阁为什么是文化遗迹？			

		思维进阶	开启问题	进行推断	总结/延展
思	探究活动1	5分钟	玉皇阁与普通建筑有哪些不同之处？	对比饮马湖广场和玉皇阁正门图片，完成探究活动一。	玉皇阁的牌匾、整体建筑颜色以及外观样式都具有年代感。
	了解玉皇阁与普通建筑的不同之处。				
	探究活动2	5分钟	为什么玉皇阁被重点保护？	1.观看中国以及世界文化遗产集锦短片。2.了解武汉黄鹤楼、北京故宫，以及西安碑林、太白斗母宫、千年银杏树的知名原因，完成探究活动二。	平罗玉皇阁是西北地区不可多得的优秀古建筑群，其造型独特、工艺精湛，是宁夏回族自治区重点文物保护单位、自治区文明风景旅游区。
	了解玉皇阁受保护的原因。				

（续表）

	思维进阶		开启问题	进行推断	总结/延展
思	探究活动3	5分钟	如今，沙湖和玉皇阁哪个更适合做平罗的地标？	观看沙湖景区视频，阅读探究活动三的材料，结合前面学习的内容，交流想法。	观点一：玉皇阁能彰显城市历史文脉、经济成就等综合特征，如今，它更适合做平罗的地标。观点二：沙湖体现城市现代发展更注重生态环境质量，更具有时代气息，它更适合做平罗的地标。
	了解玉皇阁的地标意义。				
	建立模型		通过对比突出认识一件事物的不同之处，是我们了解事物的常用方法。		
辨	探究时长		引入辨点	探究活动	辨析总结
	5分钟		玉皇阁是否能成为平罗的古建筑遗迹代表？	1.观看平罗境内古建筑遗迹视频。2.学生绘制平罗古建筑图鉴，分享自己的想法。	古建筑是反映乡土社会的一部史书，是文明演变和社会变迁不可或缺的记录。深入研究古建筑，是对传统的继承，具有无价的历史意义。
行	探究时长		探究活动		
	10分钟		利用手里的零件搭建古建筑模型。		

第7课探究单

探究活动一

小组合作完成表格。

	饮马湖广场	玉皇阁正门
颜色		
建材		
形状（美感）		
故事		

探究活动二

小组合作完成表格。

	知名原因
武汉黄鹤楼	
北京故宫	
西安碑林	
西安太白斗母官	
西安千年银杏树	

探究活动三

材料：

宁夏沙湖生态旅游区，位于宁夏回族自治区石嘴山市平罗县境内，是以自然景观为主体，沙、水、苇、鸟、山五大景源有机结合构成的国家 AAAAA 级旅游景区。它融江南水乡之灵秀与塞北大漠之雄浑为一体，被誉为"丝路驿站"上的旅游明珠。主要景点有沙湖国际沙雕园、鸟岛（百鸟乐园）、湖东湿地（鸟类观测站）、新门区广场、沙湖题字石等。

宁夏沙湖生态旅游区在 2018 年中国黄河旅游大会上被评为"中国黄河 50 景"，同年被评为"《中国国家旅游》最佳生态旅游目的地"。

第8课

实施年级	四、五年级	超学科概念		表现
核心问题	玉皇阁屋顶上有哪些屋脊饰？			
认知目标	了解和学习玉皇阁屋顶上的装饰文化。			
能力目标	感受古建筑屋脊饰的艺术魅力。			
素养目标	感受中国古人的文化智慧，增强民族自信心。			
探究进阶	探究时长		探究内容	
学	5分钟		了解古建筑的装饰之美。	
问	玉皇阁屋顶上有哪些屋脊饰？			

思	思维进阶		开启问题	进行推断	总结／延展
	探究活动1	8分钟	什么是屋脊饰？中国古代传统建筑里的"五脊六兽"是什么意思？	学生小组交流课前搜集到的资料，观看视频，了解"五脊六兽"。	以庑殿顶为例：五脊，指大脊（正脊）及四条垂脊。在建筑物前面的两条垂脊上各站立有三个小兽，故称"五脊六兽"。
		了解"五脊六兽"。			
	探究活动2	10分钟	不同建筑的屋脊饰有怎样的造型特征呢？	1.出示图片，学生欣赏、思考：同样是玉皇阁里的建筑，屋脊饰一样吗？ 2.学生分组观察玉皇阁三母殿、故宫太和殿、山西晋城玉皇庙的图片，思考：不同建筑的屋脊饰有着怎样的造型特征呢？完成探究单。	建筑不同，屋脊饰不同，屋脊饰的造型也不同。每一个建筑上的屋脊饰都体现了这个建筑的特色与韵味，同时也蕴藏着深厚的哲学思想和文化内涵。
		了解不同建筑的屋脊饰的造型特征。			

（续表）

思维进阶		开启问题	进行推断	总结 / 延展
思	探究活动3　5分钟		学生观察故宫、寺庙、民间建筑上的屋脊饰，小组合作讨论：屋脊饰在不同建筑中的作用是什么？	皇家建筑中的屋脊饰象征着权力与地位。寺庙建筑中的屋脊饰有宝珠、葫芦、法器，有辟邪纳祥的含义。在民间建筑中，屋脊饰的各种形象都来源于对生活的美好愿望，同时还是建筑物的装饰元素之一。
	了解屋脊饰的作用。	屋脊饰的作用是什么？		
	建立模型	随着时代的变迁和文化的发展，屋脊饰由最初的图腾崇拜发展为民族文化，在历史的演变过程中，成为独具艺术特色、文化特色的建筑构件。		
	探究时长	引入辨点	探究活动	辨析总结
辨	5分钟	现代建筑是否还需要屋脊饰？	学生根据自己的理解分享想法。	屋脊饰是建筑上极为重要的构件，具有重要的实用价值和美化效果；同时，它也体现了传统文化和建筑风格，为研究古建筑提供了重要线索。它既体现着古人的智慧，又是中国博大文化的承载者。
行	探究时长	探究活动		
	15分钟	为公园的一个凉亭设计屋脊饰。		

第8课探究单

探究活动

小组合作完成表格。

	屋脊饰样式	屋脊兽造型特征
平罗玉皇阁 三母殿		
北京故宫 太和殿		
山西晋城 玉皇庙		

（"玉皇阁"课程编写人员：班玉军、王华、张玉梅、刘芹、陆艳、朱春燕、崔建红、张雪婍、胡芬、李姝蓉、樊俊娇、祖静、张倩、马丽、郝双、刘梅、安琨、牛养民、余洁、王丽蓉、路彩云、王丽宁）

"泥哇呜"问思辨教学设计

第1课

实施年级	四年级	**超学科概念**		定义	
核心问题	怎样认出一个泥哇呜？				
认知目标	了解泥哇呜名称的由来。				
能力目标	通过了解泥哇呜的声音和材料特点，辨析泥哇呜的属性。				
素养目标	了解泥哇呜的历史与发展，促进学生对传统文化的认知和传承，感受中国古人制造乐器的智慧。				
探究进阶	**探究时长**		**探究内容**		
学	5分钟	学生通过辨认图片了解泥哇呜，探究泥哇呜的形态特征，并小组交流。			
问	怎样认出一个泥哇呜？				
思	**思维进阶**		**开启问题**	**进行推断**	**总结／延展**
	探究活动1	5分钟	为什么泥哇呜名字里有"哇呜"？	1. "闻声识乐器"小游戏：聆听几种不同乐器的声音，猜一猜哪种声音是泥哇呜发出来的。 2. 观察泥哇呜实物，总结归纳泥哇呜声音的特点。	泥哇呜发出的声音比较单调，只有类似"哇"和"呜"的声音，所以人们给它取名为"泥哇呜"。在宁夏，它还有其他的小名，如泥吹吹、吹吹子、泥箫、啊欧子等。
	了解泥哇呜名称的由来。				

（续表）

	思维进阶		开启问题	进行推断	总结 / 延展
思	探究活动2	5分钟	泥哇呜只能用泥制作吗？	对比观察烧过的和没烧过的泥哇呜，完成探究活动。	我们见到的泥哇呜大多是陶制且经过烧制的。因为泥巴易碎，且泥刻的泥哇呜不便携带、音色晦暗，所以现在并不常见。
	了解泥哇呜的制作材料。				
	探究活动3	5分钟	泥哇呜和埙有什么异同？	通过看、摸、吹、听等方式进行观察对比，仔细辨别泥哇呜和埙的异同点。	泥哇呜和埙从外形、材质上看起来相似，但它们的孔洞数量和发出的声音是不一样的。
	对比探究泥哇呜的特点。				
	建立模型		从名字入手来认识这件事物，是我们了解事物的常用方法。		
	探究时长		引入辨点	探究活动	辨析总结
辨	5分钟		会发声的都是乐器吗？	1.仔细聆听声音并思考：会发声的都是乐器吗？2.请学生分享自己的观点，并说明理由。	声音都是由于物体振动产生的，但它们不一定具有规律的节奏、明朗的音色和成调的音律。所以，并不是能发声的就是乐器。
	探究时长		探究活动		
行	10分钟		使用面团、橡皮泥、轻黏土、黄胶泥等材料，运用揉、捏、按、印、压、刻等方法，制作一个泥哇呜。		

第1课探究单

探究活动

请同学们小组合作，用你喜欢的方式观察经过烧制和未烧制的泥哇呜，完成表格。

观察项目	烧制的泥哇呜	未烧制的泥哇呜
材质	陶□　　泥□	陶□　　泥□
音色	音色优美□　　音色晦暗□	音色优美□　　音色晦暗□
其他		

备注："材质""声音"两个项目，在选择的内容后画"√"；"其他"这一项目请用文字填上你的其他观察所得。

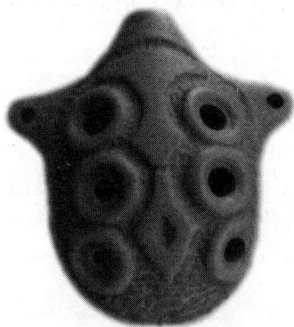

烧制的泥哇呜

未烧制的泥哇呜

第2课

实施年级	四年级	超学科概念		形式
核心问题	泥哇鸣为什么会"哇鸣"？			
认知目标	了解泥哇鸣的构造。			
能力目标	能够根据泥哇鸣的构造特点判断音色。			
素养目标	理解乐器构造和音色之间的关系。			
探究进阶	探究时长	探究内容		
学	5分钟	学生介绍自己认识的泥哇鸣，通过交流知道泥哇鸣是气鸣乐器的一员。		
问	泥哇鸣为什么会"哇鸣"？			

思	思维进阶		开启问题	进行推断	总结/延展
	探究活动1	5分钟	泥哇鸣为什么要有孔？	1.学生观察小口瓶和泥哇鸣孔的数量、大小和位置。2.吹一吹,听一听,辨一辨,探究泥哇鸣孔的数量、大小和位置对泥哇鸣的发声有什么影响，完成探究活动一。	乐器想要发声必须开小孔，孔的位置不同，作用也不同。位于上方正中的是吹口，位于腔体正反面的为出音孔，出音孔的位置、数量不同，发出的声音也不同。泥哇鸣已经由最早的2孔发展为现在的12孔。
	探究泥哇鸣孔的秘密。				
	探究活动2	5分钟	泥哇鸣为什么是"小嘴巴大肚子"？	1.观察对比：泥哇鸣和哨子有哪些共同点？2.观察图片，探究气流是怎么进入"共鸣腔"的。3.参考哨子的发声示意图，试着在探究活动二中画出泥哇鸣的气流图。	气鸣乐器的发声源于空气的震动。吹口越小，吹出的气流越有力度；共鸣腔越大，气流的振动幅度越大，发出的声音也越大。吹口、共鸣腔的形状及大小都会影响发声，只有相互配合，才能准确控制乐器的音色、音量、音高。
	了解泥哇鸣的发声原理。				

（续表）

	思维进阶		开启问题	进行推断	总结／延展
思	探究活动3	5分钟	泥哇呜只会发出"哇""呜"的声音吗？	1. 观看视频，探究泥哇呜是怎样发声的。 2. 小组互学，尝试学会一种简单吹奏泥哇呜的指法，并表演展示。	泥哇呜不断丰富的音域、不胜枚举的样式、变化多端的指法决定了泥哇呜的音域和音色越来越广。
	了解泥哇呜的发声特点。				
	建立模型		泥哇呜上的小部件都有它存在的价值，要科学地设计、制作乐器。		
辨	探究时长		引入辨点	探究活动	辨析总结
	3分钟		决定音乐效果的是乐器还是演奏者？	分组展开辩论，探究讨论。	音色是音乐的基本要素之一。乐器的材质决定音乐的音色，演奏者的水平决定音的高低、强弱、长短，二者相辅相成，缺一不可。
行	探究时长		探究活动		
	5分钟		一天，一个游客、一个音乐家、一个放羊娃，先后来到泥哇呜专卖店买泥哇呜，请同学们分别为他们推荐一个合适的泥哇呜，并说明推荐理由。		

第2课探究单

探究活动一

请你仔细观察小口瓶和泥哇呜孔的数量、大小和位置，并试着逐个堵住它们的孔，吹一吹，听一听，辨一辨声音的不同，说一说孔对泥哇呜的发声有什么影响。小组合作完成下面的表格。

观察项目	小口瓶		泥哇呜	
孔的数量	1个（ ）	1个以上（ ）	1个（ ）	1个以上（ ）
孔的大小	大（ ）	小（ ）	大（ ）	小（ ）
孔的位置	正（ ）	反（ ）	正（ ）	反（ ）
声音特点				

探究活动二

请你参考单音频哨子的发声示意图，在泥哇呜切面图中画出气流走向图。

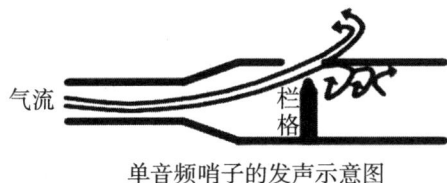

单音频哨子的发声示意图

第3课

实施年级	四年级	超学科概念	变化
核心问题	一团怎样的泥能变成泥哇呜？		
认知目标	了解泥哇呜的选材依据、发声基本原理、开口位置与声音的关系。		
能力目标	知道乐器的选材、形状、制作工艺等和人的生活需求密不可分。		
素养目标	培养学生的探究意识和动手能力。		

探究进阶	探究时长	探究内容	
学	7分钟	了解泥土的颜色、种类。	
问	一团怎样的泥能变成泥哇呜？		

		思维进阶	开启问题	进行推断	总结 / 延展
思	探究活动1 10分钟 了解制作泥哇呜所用土的特性。		任何土都可以做泥哇呜吗？	1.按照探究活动一中的实验步骤完成小实验。 2.根据三种土的特性，完成评星表，程度越高，星级越高。 3.学生分享交流：哪种土适合做泥哇呜？为什么？	黄土杂质、沉淀物少，细腻光滑，黏性强，具有可塑性，是制作泥哇呜的最佳材料。宁夏地区制作泥哇呜常选黄土。
	探究活动2 8分钟 了解第一只泥哇呜的形状。		第一只泥哇呜是什么形状的呢？	完成探究活动二。	最早的泥哇呜，大多是扁豆子形状，音域窄，没有经过烧制，表面涂了豆油或胡麻油，方便长久保存。乐器的形状、制作方法和人们的生活环境、生活方式、生活需求密不可分。

（续表）

	思维进阶		开启问题	进行推断	总结 / 延展
思	探究活动3 探究泥哇呜的开口。	5分钟	泥哇呜的口是怎么开的？	给探究活动三中的乐器补充吹口。	泥哇呜和哨子的吹口在顶端，笛子的吹口在侧面，不同乐器的开口方法和位置各有不同。
	建立模型		乐器的选材、形状等和人的生活需求密不可分。制造乐器时必须要选择合适的材料和工艺。		
辨	探究时长		引入辨点	探究活动	辨析总结
	5分钟		材料和制作工艺哪个决定了乐器的音色？	欣赏视频，展开辩论，同时提出自己的意见或观点。	材料和制作工艺都是决定乐器音色的重要因素，此外，造型也会影响乐器的音色。
行	探究时长		探究活动		
	5分钟		跟着视频学习吹口哨。		

第3课探究单

探究活动一

小组合作，按照探究步骤完成小实验，并根据三种土的特性完成评星表，程度越高，星级越高。

材料：

沙土　　　黄土　　　腐殖土　　　烧杯　　　和泥板　　　水

步骤：

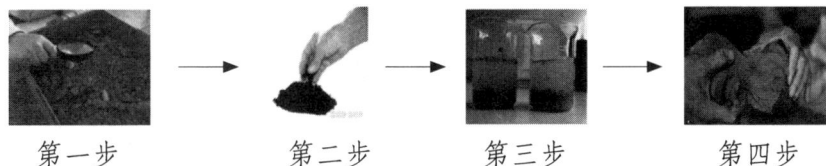

第一步　　　　第二步　　　　第三步　　　　第四步

实验步骤	观察项目	沙土	黄土	腐殖土
步骤一	杂质含量	☆☆☆	☆☆☆	☆☆☆
步骤二	细腻度	☆☆☆	☆☆☆	☆☆☆
步骤三	沉淀物	☆☆☆	☆☆☆	☆☆☆
步骤四	黏度	☆☆☆	☆☆☆	☆☆☆
	可塑性	☆☆☆	☆☆☆	☆☆☆

你认为哪种土适合做泥哇呜？说一说你的理由。

探究活动二

图中哪个可能是第一个泥哇呜？为什么？

探究活动三

请同学们给下图中的乐器补充吹口，并说一说你的想法。

第4课

实施年级	四年级	超学科概念	功能
核心问题	泥哇呜为什么不只是乐器？		
认知目标	了解乐器的形制。		
能力目标	能探索乐器的起源。		
素养目标	懂得乐器不仅能用于音乐表演，还能作为传递信号的工具。		

探究进阶	探究时长	探究内容		
学	5分钟	通过交流了解什么是乐器，并知道泥哇呜是乐器中的一种。		
问	泥哇呜为什么不只是乐器？			
思	思维进阶		开启问题	进行推断	总结/延展
	探究活动1	10分钟			鼓的用途根据时代的需要不断增减，为了适应不同的用途，鼓的外形也在变化。鼓是这样，其他乐器也是这样。文明促进了乐器的演变，乐器也在见证着文明的一步步前进，促进着文明的发展。
	探究乐器的起源。		乐器是怎么来的？	以乐器鼓为例展开探究：观察图片，猜测鼓是怎么来的。	
	探究活动2	20分钟			古代，人类的狩猎围捕、信号传递、祈天祷神等都离不开乐器，乐器既能用于表演，也能传递信号。
	探究乐器的功能。		乐器只能用于音乐表演吗？	1.查找资料，了解乐器的不同用途。2.假设你是一位联络员，接到一个传递信号的任务，你会选择哪种物品传递信号？说明理由。	

（续表）

	思维进阶		开启问题	进行推断	总结／延展
思	探究活动3	15分钟	乐器必须有形制吗？	1. 播放视频。 2. 小组讨论交流：水能不能做乐器？	乐器要想拥有良好的声学品质，必须要有形制。水虽然也能用于演奏，但是它没有形制，所以并不是乐器。
	探究乐器的形制。				
	建立模型		乐器是劳动人民的智慧结晶，它有形制，不仅能用于音乐表演，还能作为传递信号的工具。		
辨	探究时长		引入辨点	探究活动	辨析总结
	5分钟		功能多的东西一定好吗？	联系生活实际，分组展开辩论：功能多的东西一定好吗？	信息化时代，为了能够更好地满足人们的需求，一个物品会被附加多种功能，但它不一定适合所有人群。因此，对物品功能的选择主要取决于人的需求。
行	探究时长		探究活动		
	5分钟		请同学们跟着乐曲《布谷鸟》，选择合适的动作（如：拍手、跺脚、摇头、捻指等），跟着音乐节奏动起来。		

第 4 课探究单

探究活动

乐器作为一种传递信号的工具，历史悠久。假设你是一位联络员，接到一个传递信号的任务，你会选择下列哪种物品传递信息？请说明你的理由。

①

②

③

④

⑤

⑥

我会选择 ＿＿＿＿＿＿ 传递信息。

理由是：＿＿＿＿＿＿＿＿＿＿＿＿＿＿＿＿＿＿＿＿＿＿

＿＿＿＿＿＿＿＿＿＿＿＿＿＿＿＿＿＿＿＿＿＿＿＿＿＿＿＿＿

＿＿＿＿＿＿＿＿＿＿＿＿＿＿＿＿＿＿＿＿＿＿＿＿＿＿＿＿。

第5课

实施年级	四年级	超学科概念		原因
核心问题	\"八音\"为什么少不了泥制乐器？			
认知目标	了解\"八音\"的知识。			
能力目标	了解乐器的分类方法，学会给乐器分类。			
素养目标	懂得事物的产生或消失是多方面因素影响的结果，看待问题需要多角度分析，综合推断。			
探究进阶	探究时长	探究内容		
学	8分钟	1.\"八音\"是什么？ 2.观察乐器图片，说一说\"八音\"还有什么其他含义。		
问	\"八音\"为什么少不了泥制乐器？			

思	思维进阶		开启问题	进行推断	总结／延展
	探究活动1	5分钟	中国古人怎样使用\"八音\"？	1.查找资料，了解\"八音\"。 2.明确礼器的概念。	在古代，不同等级的人在不同场合使用的乐器也不同，有身份和地位的人才有资格欣赏金属丝竹之乐、使用礼器，而下层百姓只能用土制乐器来娱乐。
	了解\"八音\"使用对象及场所。				
	探究活动2	5分钟	乐器除了像\"八音\"这样按照材料分类之外，还能怎样分类？	1.小组合作，给桌上摆放的乐器分类。 2.小组汇报交流结果，并说明理由。	乐器不仅可以按材质分类，也可以按照发音特点和演奏方式进行分类。
	探究乐器的分类。				

（续表）

	思维进阶		开启问题	进行推断	总结/延展
思	探究活动3	8分钟	为什么不论是在古代还是现代，泥制乐器都比较少？	1.欣赏视频《百鸟朝凤》，说一说金属乐器的发音特点。 2.观察乐器家族图，看一看、找一找图中哪种材质的乐器最多，并交流为什么从古至今，泥制乐器越来越少。	随着时代的发展，制作乐器的材料越来越丰富，大部分乐器的音域也越来越广。因为泥制乐器材质易碎，音准不稳定，音域太短，不适宜与其他乐器合奏，所以现代泥制乐器比较少。
	探究泥制乐器比较少的原因。				
	建立模型		乐器的分类是一定历史时期、一定地域、一定民族文化的产物。		
	探究时长		引入辨点	探究活动	辨析总结
辨	5分钟		中国传统的"八音"分类法科学吗？	观察按照"八音"分类的民族乐器图片，教师引导学生思辨： 1.科学，说明理由。 2.不科学，说明理由。	我们发现，"八音"分类法的优点是比较直观的，但在今天看来，"八音"分类法也存在一些不足之处，一是"八音"并不能涵盖所有的乐器材料，二是"八音"分类无声学章法可循。事物都有两面性，所以分析问题时也应该从多角度出发。
	探究时长		探究活动		
行	5分钟		1.欣赏短片《"八音"的秘密》，感受乐器的音色之美和造型之美。 2.找一找你身边的"八音"。		

第 6 课

实施年级	四年级	超学科概念		联结
核心问题	泥哇呜为什么出现在宁夏？			
认知目标	知道某种乐器的产生与地域、人文环境有紧密关系。			
能力目标	能进一步探究民族乐器与西洋乐器的异同点。			
素养目标	感受中国民族乐器中的文化特色，培养学生对家乡非物质文化遗产的传承意识。			

探究进阶	探究时长		探究内容	
学	5 分钟		1. 了解民族乐器是什么。 2. 说说你知道的民族乐器。	
问	泥哇呜为什么出现在宁夏？			
思	思维进阶	开启问题	进行推断	总结 / 延展
	探究活动 1 6 分钟 探究不同地区民族乐器不一样的原因。	为什么不同地区的民族乐器不一样？	1. 欣赏民族音乐片段。 2. 小组合作完成探究活动一：根据乐器的材质和声音特点，完成连线。 3. 小组进行交流，说明连线理由。	北方多弦乐，因为北方人善于使用动物的皮毛和筋骨；南方乐器多用竹子、木墩、石器制成，打击乐、管乐较为常见。
	探究活动 2 15 分钟 探究古今民乐团不一样的原因。	古今民乐团为什么不一样？	1. 阅读探究活动二的材料，了解上海大同乐会。 2. 欣赏视频，仔细观察出现了哪些乐器，说一说自己的发现和感受。	具有中国特色的乐器，大部分是在中国的国土上产生或发展起来的，体现了中国的民族特色和艺术特点。中国传统乐器曲调婉转、宁静朴素；西洋乐器音色张扬、激昂，且音域极广。所以中西方乐团应互相借鉴，取长补短，共同谱写出天籁之音。

	思维进阶		开启问题	进行推断	总结／延展
思	探究活动3	9分钟	为什么民族乐团没有泥哇呜？	1.播放泥哇呜和笛子演奏的音频。 2.完成探究活动三。 3.听音乐，判断乐器。	泥哇呜是气鸣乐器，音域窄、音色单一、变化不够丰富，适合独奏，所以在民族乐团中没有出现泥哇呜的身影。
	探究民族乐团没有泥哇呜的原因。				
	建立模型		民族乐器在发展中与古今中外的乐器不断融合。		
辨	探究时长		引入辨点	探究活动	辨析总结
	4分钟		土里土气的泥哇呜雅不起来吗？	教师引导学生思辨。	泥哇呜经过不断地改良，形状各异，能发出高音、中音和低音，音色古朴而明亮，可以用于舞台演出。
行	探究时长		探究活动		
	5分钟		欣赏泥哇呜社团表演的《唱花儿的花儿》，尝试着吹一吹泥哇呜。		

第6课探究单

探究活动一

请你根据乐器的材质和声音特点，完成连线题。

浑厚　　　　　清脆　　　　　柔美抒情　　　　　高亢嘹亮　　　　　低沉

泥质　　　　　竹子　　　　　皮木结合　　　　　皮革　　　　　木及金属

探究活动二

材料：

1920 年 12 月，郑觐文在蔡元培、叶恭绰、史量才、梅兰芳、程砚秋、周信芳等人的赞助下，在上海创办了大同乐会，集中了当时著名的音乐家和昆曲表演家等，改良传统乐器，探索民族管乐弦队的创建，改编了一批合奏作品，其中最为著名的是将琵琶曲《夕阳箫鼓》改编为民乐管弦合奏《春江花月夜》。

探究活动三

听一听，比一比，根据音色特点涂一涂，星级越高，程度越高。

	种类丰富	声音清脆明亮	穿透力强	声音高亢	表现力丰富
笛子	☆☆☆	☆☆☆	☆☆☆	☆☆☆	☆☆☆
泥哇呜	☆☆☆	☆☆☆	☆☆☆	☆☆☆	☆☆☆

第7课

实施年级	四年级	超学科概念	变化
核心问题	泥哇呜真的难登大雅之堂吗？		
认知目标	知道雅乐与民俗音乐的区别。		
能力目标	能辩证地看待音乐的传承与消失。		
素养目标	培养学生雅俗共赏的音乐素养。		
探究进阶	探究时长	探究内容	
学	5分钟	欣赏冬奥会中的华夏雅乐，交流感受。	
问	泥哇呜真的难登大雅之堂吗？		

		思维进阶	开启问题	进行推断	总结/延展
思	探究活动1 6分钟 了解雅乐。		什么是雅乐？	1. 观看视频，交流什么是雅乐。 2. 完成探究活动一。	周朝建立起我国历史上第一个宫廷雅乐体系，在周朝及后来的封建社会中，雅乐用于郊社、朝会等国家重大典礼中，内容都是歌颂统治者的功德。现在的雅乐一般出现在重大、正式的场合。
	探究活动2 10分钟 了解民俗音乐。		不符合雅乐标准的音乐就是"俗"？	1. 猜测不符合雅乐标准的音乐是什么。 2. 判断哪些音乐是民俗音乐。	不管是民族音乐还是流行歌曲，它们都有一个共同的名字，叫民俗音乐。民俗音乐的受众群体是普通老百姓，所以民俗音乐又称民乐、民谣、民歌等，是经过口耳相传流传下来的音乐形式和音乐作品。

（续表）

	思维进阶		开启问题	进行推断	总结/延展
思	探究活动3	9分钟	与雅乐相比，为什么民俗音乐能流传至今？	1. 讨论交流：现在的生活中还能见到古代雅乐的表演吗？ 2. 欣赏视频，讨论交流。	随着时代的发展，宫廷庆典、祭祀逐渐消失，所以古代雅乐也消失在我们日常生活中。民俗音乐受众群体范围广，不受场合限制，贴近人民群众的生活，容易传播，所以流传至今。
	探究民俗音乐流行至今的原因。				
	建立模型		音乐与时代的需求息息相关。		
辨	探究时长		引入辨点	探究活动	辨析总结
	5分钟		音乐有没有雅俗之分？	1. 讨论音乐有没有雅俗之分。 2. 播放泥哇呜的演奏视频。	音乐走向大众，与生活融合，成了人人都能享受的娱乐形式，雅俗共赏。
行	探究时长		探究活动		
	5分钟		为泥哇呜设计广告宣传语，让低调的泥哇呜走出宁夏，登上更高、更大、更广的舞台。		

第7课探究单

探究活动一

在古代,雅乐的主题有哪些?雅乐一般在哪些场合使用?哪些人有享受雅乐的资格?请在符合的内容下面打"√"。

雅乐的主题			雅乐使用的场合				有享受雅乐的资格			
祭祀	宫廷礼仪	婚丧嫁娶	宫廷	郊社	宗庙	民宅	贫民	天子	王侯	贵族

探究活动二

为了让更多人了解泥哇呜,请你为泥哇呜设计广告宣传语。

例:
西北古民乐,
宁夏泥哇呜。

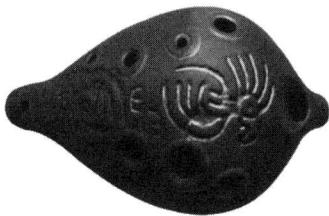

例:
民乐中国风,
品味泥哇呜。

我的广告语:

第8课

实施年级	四年级	超学科概念		表现
核心问题	怎样用泥哇鸣吹出宁夏味道？			
认知目标	通过聆听和体验，了解宁夏音乐的特点。			
能力目标	能从"宁夏花儿"中探究出宁夏音乐风格、特点产生的原因。			
素养目标	探索音乐和所处区域、人们的审美之间的关系，明白任何一种音乐的盛行都与它所处的时代、区域、人们的审美有关。			

探究进阶	探究时长	探究内容		
学	8分钟	1. 你知道哪些宁夏民歌？你是从哪里了解的呢？ 2. 欣赏宁夏具有代表性的民歌，小组交流自己对宁夏民歌的初步感受。		
问	怎样用泥哇鸣吹出宁夏味道？			

	思维进阶		开启问题	进行推断	总结/延展
思	探究活动1	7分钟			
	了解宁夏民间音乐旋律的特点。		没有歌词，你还能分辨出一首曲子是不是宁夏民间音乐吗？	1. 欣赏歌曲《茉莉花》和《走咧走咧去宁夏》，先播放原唱，然后播放互换歌词的《茉莉花》和《走咧走咧去宁夏》，对比说说歌曲各有什么特点。 2. 讨论为什么没有歌词也能判断出这是宁夏的音乐。	宁夏民间音乐是流传于西部地区的一种民歌，具有旋律高亢、奔放、粗犷、悠扬的特点，极具西北民族特色。

（续表）

	思维进阶		开启问题	进行推断	总结／延展
思	探究活动2	10分钟	宁夏音乐的特点是什么？	1. 播放视频《数花》和《眼泪花儿把心淹了》。 2. 小组讨论交流并完成探究活动，思考《数花》《眼泪花儿把心淹了》有哪些共同特征。 3. 师生对说：教师说宁夏方言，学生说出对应的普通话。 4. 师生同唱宁夏民歌《唱花儿的花儿》，体会宁夏音乐的特点。	宁夏音乐本身具有原生性，把汉语作为基础语言，融合了回族语言，形成了富有民族特色的风格。宁夏音乐唱出了宁夏人民的家长里短，也唱出了宁夏人民的苦与乐，乡土气息浓郁，风格独特。
	探究宁夏音乐的特点。				
	探究活动3	7分钟	泥哇呜能否将宁夏音乐的特点表现出来？	1. 教师用泥哇呜吹奏宁夏民歌《唱花儿的花儿》。 2. 学生欣赏并讨论交流。	不同形制的泥哇呜有着不同的音乐效果，且能表现出不同的民间曲调，用泥哇呜演奏宁夏音乐别具风味，更能表现出宁夏音乐特点。
	用泥哇呜演绎出宁夏音乐的特点。				
	建立模型		探究一个地方的音乐特点，可以从音乐的旋律以及这个地方的环境、语言、生活等方面入手。		

（续表）

辨	探究时长	引入辨点	探究活动	辨析总结
	5分钟	一个地方的音乐特点和乐器有没有必然的关系？	1.播放《走宁夏》和《茉莉花》的视频。 2.教师借助视频引导学生思辨，学生从各自的立场说明自己的观点。	音乐与乐器之间是紧密相连的，不同地域的音乐所选用的乐器不同，其演奏效果和表达的情绪也不同。

行	探究时长	探究活动
	5分钟	学习用泥哇呜吹奏《唱花儿的花儿》。

第8课探究单

探究活动

欣赏《数花》《眼泪花儿把心淹了》两首歌曲，试着填一填下面的表格，看看你有哪些发现。

特点 / 歌曲名称	节奏特点 ①快 ②慢	旋律特点 ①优美 ②细腻 ③粗犷	语言特点 ①乡土特征 ②生活气息 ③西北风情	情绪特点 ①高兴 ②愉快 ③愤怒 ④悲伤
《数花》				
《眼泪花儿把心淹了》				

第9课

实施年级	四年级	超学科概念		关系
核心问题	泥哇呜为什么不只是"非遗"？			
认知目标	知道什么是"非遗"。			
能力目标	了解泥哇呜不只是"非遗"的原因。			
素养目标	了解非遗背后的人文底蕴和人文情怀，培养学生对中华传统文化的崇敬之心和自豪之感。			
探究进阶	探究时长	探究内容		
学	5分钟	1. 了解"非遗"的含义。 2. 交流自己知道的"非遗"。		
问	泥哇呜为什么不只是"非遗"呢？			

思	思维进阶		开启问题	进行推断	总结/延展
	探究活动1	10分钟	为什么会出现"非遗"？	1. 观察图片并讨论：为什么会出现"非遗"？ 2. 交流汇报。 3. 教师播放"非遗"知识视频，验证猜想。	随着生活环境和人类需求的改变，大量传统技艺濒临消亡，许多具有民族历史积淀和广泛代表性的民间文化艺术仅依靠口授传承，甚至濒临失传。为了更好地传承这些文化艺术，"非遗"应运而生。
	探究"非遗"出现的原因。				
	探究活动2	20分钟	为什么泥哇呜能成为"非遗"？	1. 你会选择哪种乐器表达你的喜怒哀乐？ 2. 学生交流发言。	泥哇呜的传承人少、生产量低、演奏面狭窄等诸多原因使得泥哇呜不像其他乐器那样众所周知。此外，现代流行文化的冲击也使得泥哇呜的发展、传播举步维艰。为了能更好地挽救泥哇呜，国家将其列为非物质文化遗产。
	探究泥哇呜成为"非遗"的原因。				

（续表）

	思维进阶		开启问题	进行推断	总结 / 延展
思	探究活动3	15分钟			非物质文化遗产是国家和民族历史文化成就的重要标志。如泥哇呜，它身上承载着西北地区民俗风貌的特点，更浓缩着宁夏人挥之不去的珍贵记忆。对于泥哇呜的传承，我们可以总结出三种方式：一、改良材质，让它变得更"坚强"；二、创新外观，让它集才华、颜值于一身；三、制作与泥哇呜有关的文创产品，扩大影响力。
	探究泥哇呜的传承方式。		泥哇呜如何"自救"？	1.播放泥哇呜的"独白"：我不想消失，我想活下来，我该怎么办？ 2.小组合作，列举泥哇呜的"自救"方式。 3.展示交流。	
	建立模型		人们对事物的认识都是先从了解表象开始，再上升为精神寄托，最后赋予它精神的象征意义。		
辨	探究时长		引入辨点	探究活动	辨析总结
	5分钟		传承城市文化时，要保持传统，还是要创新、改变？	观看古今平罗城市文化的对比视频，展开辩论：文化传承要保持传统，还是要创新、改变？	城市文化需要不断创新与改变，才能不断发展，将繁荣的面貌铺展开来。但地方传统文化就像城市文化的"根"，为其输送着"养分"。所以，传承城市文化时，我们既要尊重传统，又要求勇于接受新事物，以实现城市文化的发展与进步。

（续表）

行	探究时长	探究活动
	5分钟	放飞想象,创造一个与泥哇呜有关的文创产品,可以涂鸦,可以扎染，可以捏制。

（"泥哇呜"课程编写人员：杨艳丽、李凯月、杨晓雯、马玉霞、马秀红、海莲、姚淑萍、吴欣、王丹、马巧燕、杨进花、马静、靳茜、吴海霞、马海燕、吴小丽、马小丽、冯燕、陈洁、海娣、彭娇、刘淑莲、陈静、王艳、蒋珊、王婷、侯春蕾、闫素芹、龚颖、郭薇、闫翠琴）

"桑树"问思辨教学设计

第1课

实施年级	四年级	超学科概念		定义
核心问题	怎样认出桑树?			
认知目标	认识桑树,了解桑树的基本特征。			
能力目标	学习用不同的方法观察植物。			
素养目标	学会根据植物的特点判断植物的属性。			
探究进阶	**探究时长**		**探究内容**	
学	10分钟	学生通过看视频初步认识桑树。		
问	怎样认出桑树呢?			

		思维进阶	开启问题	进行推断	总结/延展
思	探究活动1	5分钟	桑树的叶子、花朵与其他树木的叶子、花朵有什么不同?	1. 学生观察、比较桑树的叶子与其他树叶在形状、颜色、大小等方面的区别,分析桑叶的特点。 2. 观察桑树花朵的颜色。	1. 桑树的嫩叶是黄绿色或翠绿色的,老叶是暗绿色的。叶子呈卵形或心形,顶部较尖,边缘呈锯齿状,摸起来较柔软。 2. 桑树的花为黄色或淡绿色,在每年的3~5月开花。
		探究桑树的特点。			
	探究活动2	5分钟	桑树的果实桑葚有什么特点?	1. 学生通过看一看、闻一闻、捏一捏、尝一尝等方法探究桑葚的特点。 2. 完成探究活动二。	桑葚通常是黑紫色、红色和白色的,形状为长圆形,果实较软,有弹性,闻起来有一股香甜的气味,味甜汁多,酸甜适口。它的果期因地域不同会存在一定差异,大多数集中在4~7月。
		探究桑树果实的特点。			

（续表）

	思维进阶		开启问题	进行推断	总结/延展
思	探究活动3	5分钟	如果是在冬天，怎样才能认出桑树呢？	1. 学生根据问题交流讨论自己的观点。 2. 观看桑树植物生长的视频，了解桑树属于什么科。再找一找，还有哪些树木属于这一科。 3. 给桑树做一张"身份证"。写清楚它的名称、科目以及叶、花、果和枝干的相关特点。	1. 冬季的桑树，可以从两个方面进行辨别：一是从树皮的颜色和表面特征来进行辨别；二是从落叶的形状、纹理、质地等方面进行辨别。 2. 桑树属于桑科。 3. 无花果树、波罗蜜树、榕树等树木都属于桑科。
	探究桑树在冬天的形态特征。				
	建立模型		探究一种植物的种类，要抓住其主要特征去判断。		
辨	探究时长		引入辨点	探究活动	辨析总结
	5分钟		桑树皮的开裂与树龄有关还是与树的生长环境有关？	1. 搜集不同树龄、不同种植环境的桑树图片，并仔细观察。 2. 教师引导学生思辨，学生以各自立场说明自己的观点和理由。	冻害、温度过高、生长速度过快、浇水方法不当以及病虫害都会导致桑树的树皮开裂。
行	探究时长		探究活动		
	15分钟		用今天学过的方法给自己喜欢的树做一张"身份证"。		

第1课探究单

探究活动一

比较一下，桑树叶子与其他树种的叶子有什么不同？

| 桑树叶 | 杨树叶 | 柳树叶 |

叶子种类	桑树叶	杨树叶	柳树叶
颜色			
形状			
边缘			
叶脉			

探究活动二

桑葚有什么特点？请你通过看一看、闻一闻、捏一捏、尝一尝等方法探究桑葚的特点。

看：_____

闻：_____

捏：_____

尝：_____

探究活动三

通过本课的学习，相信你对桑树已经有了一定的了解，并掌握了探究树木自然属性的方法。请你选择一种你喜欢的树种，自主探究它的自然属性，并给它制作一张"身份证"。

树木"身份证"		
树木照片 粘贴处	名称	
	生长习性	
	形态特征	

第2课

实施年级	四年级	超学科概念		形式
核心问题	怎样给桑树爷爷"做体检"？			
认知目标	能通过看、说、量等方法，判断植物是否健康。			
能力目标	学会选择合适的工具测量植物的各项指标。			
素养目标	懂得"实践出真知"的道理。			

探究进阶	探究时长	探究内容		
学	10分钟	教师出示一份小朋友的体检报告单，引导学生了解人类体检的基本内容。		
问	怎样给桑树爷爷做体检呢？			

			思维进阶	开启问题	进行推断	总结/延展

思	探究活动1	5分钟	如果要给桑树爷爷"做体检"，需要用到哪些工具？	观看人类体检视频，试想一下可以用哪些工具给桑树爷爷"做体检"。	生活中常用的测量围度、高度的工具有软尺、钢尺、卷尺等，用途各不相同。我们需要根据测量的对象选择合适的测量工具。
		认识测量工具。			
	探究活动2	5分钟	怎样给桑树"做体检"呢？	观察桑树树叶的外形、颜色，其树枝是否干枯，果实是否饱满，测量树高、树围等。	桑树的外形特点体现着它的健康状况，通过给桑树"做体检"，我们可以对其生长情况有更深入的了解。
		给桑树"做体检"。			
	探究活动3	5分钟	一棵百年树在成长过程中可能会经历什么？	展开想象，思考树的一生可能会经历什么，并根据有关资料丰富自己的想象。	树木在成长过程中会经历自然灾害、病虫害、生活环境变迁、人为破坏等磨难。因此，同学们一定要爱护树木。
		探究树的成长史。			

（续表）

思	建立模型	树木在生长过程中可能会受到许多外部环境和自身因素的影响，我们要学会运用科学的方法给树木"做体检"，关注它们的健康状况，促进它们茁壮成长。		
辨	探究时长	引入辨点	探究活动	辨析总结
	5分钟	高大的树一定就是健康的树吗？	学生分组讨论。	树的健康与否取决于其所处环境的营养、光照、虫害、水分等情况，要想知道树木是否健康，要从多方面进行观察，并不是越高大的树就越健康。
行	探究时长	探究活动		
	15分钟	请你从校园或小区里认领一棵树，观察、记录它的成长过程，担任它的保护使者。		

第2课探究单

探究活动

选取校园中的一棵树（最好是桑树）给它"做体检"。

项目 树名	树叶	树枝	果实	树高	树围

第3课

实施年级	四年级	超学科概念	变化
核心问题	所有的桑树都能结果吗？		
认知目标	了解桑树的品种。		
能力目标	了解部分桑树不结果的原因。		
素养目标	知道并不是所有的桑树都会结果，只有雌株桑树才能结果。		

探究进阶	探究时长	探究内容
学	5分钟	出示桑树雌株和雄株的图片，仔细观察。
问	所有的桑树都能结果吗？	

	思维进阶		开启问题	进行推断	总结/延展
思	探究活动1	6分钟	雌株桑树和雄株桑树有什么不同？	搜集材料，提取信息，完成探究活动一。	掌握判断雌株和雄株桑树的方法。
	探究雌、雄株桑树的不同之处。				
	探究活动2	7分钟	植物开花到结果需要经历哪几个阶段？	通过观看植物从开花到结果的视频，完成探究活动二。	果实的形成过程需要经过开花、传粉、受精、发育四个阶段。果实的发育过程复杂而精彩。
	探究植物果实的来历。				
	探究活动3	7分钟	植物的果实都有什么作用？	以无患子树、棕榈树、枸杞、葡萄树、桑树为例，讨论交流：植物的果实都有什么用？	并不是所有植物的果实都可以食用。有些果实除了可以食用外，还有很多其他功用。
	了解植物果实的作用。				
	建立模型		不是所有植物都能结果，也不是所有的果实都可以食用。有的植物的果实除了食用外，还有许多其他功用。		

（续表）

	探究时长	引入辨点	探究活动	辨析总结
辨	5分钟	既然雄株结不了果，那是不是就没有必要种植雄株桑树了呢？	学生分组讨论。	雄株桑树虽结不了果，但它的桑叶可以喂养蚕，木材可用于制作乐器、家具等。故雌雄株桑树都各有优点，两者缺一不可。
行	探究时长	探究活动		
	10分钟	将桑树拟人化，创编一个以桑树为主角的小故事。		

第3课探究单

探究活动一

搜集相关资料找一找雌株桑树和雄株桑树的不同之处，小组合作完成探究单。

类别	花	树叶	树干	果实
雌株				
雄株				

探究活动二

观看植物从开花到结果的过程的视频，判断以下果实的形成过程，排序正确的是（　　）

    A. 开花　　　传粉　　　受精　　　发育

    B. 传粉　　　发育　　　受精　　　开花

    C. 开花　　　受精　　　传粉　　　发育

    D. 传粉　　　开花　　　受精　　　发育

第4课

实施年级	四年级	超学科概念			功能
核心问题	桑树全身都是宝吗？				
认知目标	通过查、看、议、做、展等方式方法，了解桑树各部分的价值。				
能力目标	能动手创造出自己喜欢的桑树产品。				
素养目标	知道桑树全身都是宝。				

探究进阶	探究时长		探究内容		
学	10分钟		说一说，你都在哪里见过与桑树有关的事物呢？		
问	桑树全身都是宝吗？				

		思维进阶	开启问题	进行推断	总结/延展
思	探究活动1	5分钟	想一想桑树各部分的用途是什么。	1. 学生分小组讨论交流。 2. 完成探究活动一。	桑葚可以直接食用，桑叶可以喂蚕，桑树可以制成药材。要了解一种植物的用途，可以从它的枝、皮、叶、花、果、根等方面进行分析。
	探究桑树各部分的用途。				
	探究活动2	10分钟	你认为将桑树各部分做成什么最有价值呢？	1. 选择一种自己喜欢的角色身份，小组合作完成探究活动二。 2. 根据探究活动二，制作与桑树有关的产品。	随着科技的发展，桑树在人类生活中的用途不断变化。如今在许多食品、药品、化妆品中都能看到桑树的身影。
	如何实现桑树功能的最大化？				
	探究活动3	15分钟	怎样宣传推广自己制作的桑树产品？	用桑葚或桑树的其他部分制作食品，并向同学推介自己的桑树产品。	桑树的叶、枝、皮、根、果皆有奇用，桑树全身都是宝，可以入药，也可入食，还可以制成生活用品。
	制作并介绍自己的桑树产品。				

（续表）

思	建立模型	人们可以发挥主观能动性，从自身需要出发，充分利用植物的各种价值。		
辨	探究时长	引入辨点	探究活动	辨析总结
	5分钟	你认为桑树哪一部分的价值最大？	教师引导学生思辨，学生以各自立场说明自己的观点和理由。	在现代科技的支持下，全身都是宝的桑树正在以越来越多的产品形式走进人们的生活。
行	探究时长	探究活动		
	15分钟	以桑树为原材料，为好朋友制作一份礼物。		

第4课探究单

探究活动一

搜集资料，了解桑树各部分的用途，并梳理出来。

部分	图片	用途
枝		
皮		
花		

（续表）

部分	图片	用途
叶		
果		
根		

探究活动二

假如你是化工科研人员、桑农、医务工作者……你想用桑树的哪些部分制作出自己所需的产品呢？请你选择一种自己喜欢的角色身份，设计一下自己的桑树产品吧。

角色	材料	成品

探究活动三

请你仿照示例为你的桑树产品制作一张宣传海报。

第 5 课

实施年级	四年级	超学科概念		原因	
核心问题	桑蚕丝的价格为什么高于其他纺织品？				
认知目标	了解桑蚕丝的特点以及与其他纺织品的区别。				
能力目标	能够通过比较和分析，知道桑蚕丝价格较高的原因。				
素养目标	了解影响纺织品价格的因素。				
探究进阶	探究时长		探究内容		
学	3分钟		你听说过桑蚕丝吗？观看视频《蚕丝与桑蚕丝》，了解桑蚕丝的相关知识。		
问	桑蚕丝的价格为什么高于其他纺织品？				
思		思维进阶	开启问题	进行推断	总结 / 延展
思	探究活动1	5分钟	如何区分桑蚕丝和其他纺织品呢？	教师给学生提供一些桑蚕丝制品和其他纺织品的布样，大家用看一看、摸一摸、扯一扯、揉一揉等方式进行探究，比较它们的不同之处。	相比于其他纺织品，桑蚕丝触感光滑柔软，外观富有光泽，具有很好的保暖性和透气性，面料相互摩擦时有独特的"丝鸣"现象。桑蚕丝纤维较纤细，但拉扯时韧性较强。
思	探究桑蚕丝和其他纺织品的区别。				
思	探究活动2	10分钟	影响桑蚕丝和其他纺织品价格的因素有哪些？	阅读材料1、2，分析纺织品价格受哪些因素影响，了解桑蚕丝价格较高的原因，完成探究活动二。	纺织品的价格不光受材质、特性、制作工艺、人工成本等因素的影响，还受人们健康观念变化的影响。
思	了解影响纺织品价格的因素。				

（续表）

	思维进阶		开启问题	进行推断	总结/延展
思	探究活动3	8分钟	古代的丝绸之路是专门用来运输丝绸的吗？	1.观看视频《丝绸之路》，了解丝绸之路的文化、经济、科技交流作用。 2.小组合作：根据视频内容绘制思维导图。	古代的丝绸之路不是专门用来运输丝绸的，还用于运输茶叶、瓷器、马匹、黄金等，是当时东西方文化、经济、科技交流的重要通道。
	探究古代的丝绸之路。				
	建立模型		桑蚕丝的价格高于其他纺织品，既因其本身生产成本较高，也因人们对生活用品品质的要求不断提高，两者互相作用，彼此影响。		
辨	探究时长		引入辨点	探究活动	辨析总结
	3分钟		既然丝绸之路不仅用于运输丝绸，那么为什么不叫"茶叶之路""陶瓷之路"或以其他商品命名呢？	教师引导学生思辨，学生以各自立场来说明自己的观点和理由。	19世纪末，德国地理学家李希霍芬首次提出"丝绸之路"这一名称，在通过这条漫漫长路进行贸易交接的货物中，中国的丝绸最具代表性，"丝绸之路"因此得名。
行	探究时长		探究活动		
	5分钟		假如你是一名唐代商人，要通过丝绸之路开展国际贸易，你会选择进出口哪些商品？		

第5课探究单

探究活动一

如何区分桑蚕丝和其他纺织品?

	看	摸	扯
桑蚕丝			
其他纺织品_____			

探究活动二

材料1:

桑蚕丝是桑蚕结茧时分泌丝液凝固而成的连续长纤维素,也称"天然丝",是一种天然动物纤维。桑蚕丝织品加工工艺复杂,需要进行混茧、剥茧、选茧、煮茧、索理绪、缫丝、复摇、整理编线等工序,其中大部分都纯手工制作。由于桑蚕丝易挤压、易受潮,故而运输和储存成本较高。

材料2:

棉型织物又称棉布,是以木材、棉短绒、芦苇等含天然纤维素的材料与化学材料加工而成的纺织品。其染色性、悬垂性、吸湿性好,穿着凉爽,不易产生静电。棉织物以其优良的实用性能成为人们生活中最常见的面料之一,广泛用于服装面料、装饰织物和产业用织物。棉织品便于运输,储存方便,对储存环境除保持干燥外,没有其他特殊要求。

阅读材料，对比影响桑蚕丝织品和棉织品价格的各项因素。

	原材料	加工工艺	运输	储存
桑蚕丝织品				
棉织品				

第6课

实施年级	四年级	超学科概念		联结
核心问题	桑葚那么好吃，为什么水果店里很少卖？			
认知目标	知道商贩要将水果作为商品进行销售时，需考虑哪些因素。			
能力目标	知道水果的商业价值与许多因素有关。			
素养目标	能够试着以商业视角认识生活中的常见事物。			
探究进阶	探究时长		探究内容	
学	10分钟		品尝桑葚，说说自己的感受，回忆一下曾经在哪里见到过卖桑葚的摊位，引出探究问题。	
问	桑葚那么好吃，为什么水果店里很少卖？			

思		思维进阶	开启问题	进行推断	总结/延展
	探究活动1	5分钟	桑葚的外形有哪些特点？	1.观察桑葚的外形，说说有哪些特别之处。 2.思考这些外形的特点对桑葚的储存、运输会有哪些影响。	桑葚作为一种常见的浆果，表皮较薄、硬度小，汁水丰富，采摘过程中损耗较大，储存和运输成本较高。
	了解桑葚的外形结构对其储存、运输的影响。				
	探究活动2	5分钟	水果店的畅销水果有哪些？	学生通过街头采访了解水果店畅销水果的种类。根据调查所得，分析畅销水果具有的共同点。	水果的产地距离、储存难度、运输成本、口感、价格等都会直接影响其销量。
	水果店里的畅销水果都有哪些特点？				
	探究活动3	5分钟	桑葚还能制成哪些产品？	学生通过多种方式搜集资料，并展开想象，发表自己的看法。	除了售卖鲜果，还可以把桑葚制成果干、蜜饯、果汁，也可以制成保健品、药品等进行销售。
	除了售卖鲜果，还有哪些方法可以实现桑葚的商业价值？				
		建立模型	影响水果销售的因素有很多，如产地距离、储存难度、运输成本、口感、价格等。		

（续表）

	探究时长	引入辨点	探究活动	辨析总结
辨	5分钟	桑树将美味果实暴露在"危险"的环境中，这种繁殖方式对其自身是否有利？	教师引导学生思辨，学生说明自己的观点和理由。	植物有着自己的"进化哲学"，遵循"物竞天择，适者生存"的规律，植物果实无论是裸露在外还是包裹在内，都是为了更好地适应环境、生存繁殖。

	探究时长	探究活动		
行	15分钟	到大自然中找一找将果实包裹起来的植物有哪些，了解它们是怎么传播并繁殖的。		

第6课探究单

探究活动

　　水果店的畅销水果有哪些？请你制作一份调查单，走访附近水果店，并根据调查结果，分析一下这些畅销水果都有哪些共同点。

第7课

实施年级	四年级	超学科概念		观点	
核心问题	"前不栽桑，后不栽柳"是迷信还是科学？				
认知目标	了解桑树在不同时代的文化含义。				
能力目标	探究桑树与人类的情感关系。				
素养目标	知道可以从人类的审美、价值等方面，探究一种事物与人类之间的精神联系。				
探究进阶	探究时长	探究内容			
学	8分钟	中国传统文化中常见的植物形象有哪些？体会柳、桑、梅、兰、竹、菊等植物的文化含义，思考桑树这一意象包含了怎样的寓意。			
问	为什么古人说"前不栽桑，后不栽柳"？				
	思维进阶		开启问题	进行推断	总结/延展
思	探究活动1	8分钟	"桑"这个字为什么被人们赋予了不好的意义呢？	1.用"桑"和"丧"组词，说说你的发现。2.观看汉字演变视频，了解"丧"和"桑"的字形变化过程。	"桑"谐音"丧"，被人们认为有不吉利的寓意。
	了解"桑"和"丧"的字形演变和字义变化过程。				
	探究活动2	10分钟	"前不栽桑，后不栽柳"的原因是什么？	小组合作探究"前不栽桑"的原因，完成探究活动一。	"前不栽桑"的原因主要有以下几点：1.谐音不吉利。2.桑树对土地营养消耗较大，会影响周围其他植物生长。3.叶片较大，影响采光。4.桑树的叶片和果实会吸引较多虫鸟。
	探究"前不栽桑"的原因。				

（续表）

	思维进阶		开启问题	进行推断	总结／延展
思	探究活动3	10分钟	古人喜欢什么树？	小组合作学习民俗谚语，了解古人种树的讲究，完成探究活动二。	古人常常根据植物的名称、特性、寓意等，较为片面地判断植物的好坏，但事实上这种做法并不科学。我们不能简单地凭借植物的名称或我们的主观经验去判断植物的好坏，而是要进行科学的分析，根据植物的自然属性和综合价值选择栽种的植物。
	探究古人种树有哪些讲究。				
	建立模型		种植植物时要综合考虑其各项属性和价值，不能仅从名称、寓意判断植物的好坏。		
	探究时长		引入辨点	探究活动	辨析总结
辨	5分钟		古人大多避忌桑树的谐音，今人则看重桑树浑身都是宝的功用价值，人们对桑树态度的变化是什么原因造成的？	教师引导学生思辨，学生以各自立场说明自己的观点和理由。	植物本身没有好坏之分，只因人们不同的想法和需求赋予了植物不同的意义。
	探究时长		探究活动		
行	15分钟		校园的景观是学校文化建设的重要组成部分，也是学校对外展示的重要窗口，为进一步优化学校的育人环境，全面提高学校的绿化水平，请你结合本校的实际情况，绘制一份校园绿化设计图。		

第7课探究单

探究活动一

小组合作探究"前不栽桑"的原因，将你们分析出的原因填写在探究单中。

"前不栽桑"原因探究单	
原因 1	
原因 2	
原因 3	
原因 4	
原因 5	

探究活动二

小组合作学习民俗谚语，分析古人种树的讲究。

俗语	讲究
左不栽杏，右不栽桃。	
家种黄杨，必出栋梁， 家种黄杨，金玉满堂。	
河边栽柳，道边栽杨。	
前枣成排，生子诙谐。	
门前桃柳，贪花酗酒。	

第8课

实施年级	四年级	超学科概念		表现
核心问题	"桑梓"为什么代表家乡？			
认知目标	了解桑树与家乡的联系。			
能力目标	能够通过比较分析，探究家乡对游子到底具有怎样的意义。			
素养目标	能够从多种维度探究海外游子的家国情怀。			
探究进阶	探究时长		探究内容	
学	10分钟		教师出示桑树和梓树图片，并呈现这两种树的简要介绍。	
问	"桑梓"为什么代表家乡？			

	思维进阶		开启问题	进行推断	总结/延展
思	探究活动1	5分钟	什么是家乡？	1.用自己的话说说你对家乡的理解。 2.观察"家"和"乡"的象形字，体会"家乡"的含义。	家乡，是指自己小时候生长的地方或祖籍，又被称为"故乡""老家""故园"等。家乡意味着归属感和安全感。
	探究家乡的含义。				
	探究活动2	5分钟	思乡古诗词中有哪些事物寄托着作者的思乡之情？	1.小组交流：你知道哪些以思乡为主题的诗词？ 2.了解思乡诗词中出现的寄托思乡之情的事物并完成探究活动一。	人们常常会因为看到某种事物而想起自己的家乡，并把思乡的情感寄托在这一事物上。古人看到桑梓就会想到家乡父母在家所种之树，因此便会思念父母，怀念家乡。后来桑梓就成了人们思乡之情的代表。
	探究"桑梓"和家乡的联系。				

（续表）

	思维进阶		开启问题	进行推断	总结/延展
思	探究活动3	5分钟	我国有哪些科学家放弃了国外的优厚待遇回到了祖国的怀抱？	阅读探究单中的材料1~3，小组合作完成探究活动二。	从这些科学家的事迹中，我们能感受到他们的爱国热情和无私精神。这些精神品质正是我们需要学习的。
	探究海外游子的家国情怀。				
	建立模型		探究一种物与人之间的精神联系，可以从历史变迁、情感态度、价值取向等方面入手。		
辨	探究时长		引入辨点	探究活动	辨析总结
	5分钟		有的科学家放弃国外优厚的待遇，回到自己的祖国，但是也有一些高端人才选择留在国外从事科研工作。你如何看待这件事呢？	教师引导学生思辨，学生以各自立场说明自己的观点和理由。	"树高千丈，落叶归根。"作为中国人无论身在何地，我们都应该胸怀报国之志，为祖国的繁荣富强献出自己的一份力量。
行	探究时长		探究活动		
	15分钟		用你喜欢的方式（诵、画、唱、演等）表达你对家乡或祖国的情感。		

第8课探究单

探究活动一

你知道的思乡古诗词都有哪些？这些诗词中寄托思乡之情的事物是什么？

诗词名	作者	思乡古诗（词）句	寄托思乡的事物

探究活动二

材料1：

我国著名地质学家李四光，早年在英国伯明翰大学苦读六年，取得了地质学硕士学位。他的老师鲍尔敦教授劝他留在英国深造，待获得博士学位后再回国，并表示可以向一家需要地质工程师的印度公司推荐他。李四光谢绝了老师的好意，他回答说："不，我想把我学到的知识，尽快贡献给我的祖国。"1919年取得硕士学位后，李四光没有犹豫，立即于次年回国工作。归国后的李四光为祖国石油工业的发展作出了重要贡献，建立了新的边缘学科"地质力学"和"构造体系"概念，创建了地质力学学派，开创了活动构造研究与地应力观测相结合的预报地震途径，其"新华夏沉降带找油"理论为我国的石油开发工作指明了方向。

材料2:

1958年,黄大年出生在广西南宁的一个知识分子家庭。在父母的引导下,黄大年从小就对科学知识有着强烈的渴望。高中毕业后,17岁的黄大年到地质队参加工作,开始接触航空地球物理。1977年黄大年以优异成绩考入长春地质学院,1982年黄大年大学毕业,他在给同学的毕业赠言中写道:"振兴中华,乃我辈之责。"他选择留校任教,攻读研究生并被破格提拔为副教授。1992年,黄大年获"中英友好奖学金项目"全额资助,作为唯一的地学研究者赴英国深造,4年后,他以排名第一的成绩获得利兹大学地球物理学博士学位。随后,进入英国知名公司,担任高级研究员12年,成为航空地球物理研究领域享誉世界的科学家。"作为一个中国人,国外的事业再成功,也代表不了祖国的强大。只有在祖国把同样的事做成了,才是最大的满足。"2009年,黄大年接到吉林大学的邀请,毅然放弃国外优越条件,怀着一腔爱国热情,义无反顾返回祖国,与吉林大学正式签下全职教授合同,成为东北地区首位引进的"千人计划"专家。踏上祖国的土地后,黄大年作为首席科学家,组织全国400多位来自高校和科研院所的科技人员,开展"高精度航空重力测量技术"和"深部探测关键仪器装备研制与实验"两个重大项目攻关研究。7年时间里,他带领科研团队突破国外高精度探测装备技术封锁,推动中国真正进入"深地时代"。

材料3:

钱学森青年时代留学美国,在加州理工学院航空系师从世界著名的大科学家冯·卡门攻读博士学位。从留学期间开始,钱学森就时刻关注着祖国的科技发展。1949年10月1日,中华人民共和国成立,身在美国的钱学森开始筹划回国,然而这条归国路却被美国方面多次以各种方式阻止。钱学森先后辞去在美国的一切职务,将家中一切打包了8只大木箱,准备运回祖国,但却被联邦调查局以涉及美国机密文件为由扣押。后来的调查显示,那些被没收查扣的文件不过是私人书籍、笔记。

钱学森被美国司法部移民归化局非法拘留,被保释出狱后,钱学森开始长达5年的被软禁生涯。

在毛泽东和周恩来指示下,中国政府经多次交涉,以朝鲜战争空战中被俘的多名美军飞行员作交换,1955年10月钱学森一家启程回国,他说:"我的事业在中国,我的归宿在中国。"回国后,钱学森从事应用力学、工程控制论、航空工程、火箭导弹技术、系统工程和系统科学、思维科学和人体科学以及马克思主义哲学等领域的研究,为中国的科技强国之路作出重要贡献。

阅读材料，说说这些归国科学家为祖国的发展作出了哪些贡献，并谈谈你的感受。

人物	事迹和贡献	我的感受

第9课

实施年级	四年级	超学科概念		关系
核心问题	桑树为什么被称为"东方神木"?			
认知目标	了解桑树被称为"东方神木"的原因。			
能力目标	理解人们"神化"某种事物的原因。			
素养目标	能从文化角度理解"神木"的意义。			
探究进阶	探究时长	探究内容		
学	15分钟	教师出示"神"字,引导学生说说看到这个字能想到什么。		
问	桑树为什么被称为"东方神木"?			

思	思维进阶		开启问题	进行推断	总结/延展
	探究活动1	5分钟	如果评选你心目中的"神木",你会选择哪种树木?	教师出示桑树、银杏、柳树、雪松等的相关资料,学生分小组交流并完成探究活动。	通过探究发现大家评选"神木"的标准各不相同,树木的自然属性、价值等都会影响人们对植物的看法和印象。
			评选自己心目中的"神木"。		
	探究活动2	5分钟	桑树具有哪些特性?	1. 学生查阅资料并回顾所学,以小组为单位,绘制桑树特性思维导图。 2. 观看桑树被称为"东方神木"的相关视频。	桑树有较高的经济价值、文化价值,因此被称为"东方神木"。
	探究桑树的特点。				
	探究活动3	5分钟	什么样的树才能被称为"东方神木"?	查阅资料后小组交流。	中国早在5000年前就开始栽桑养蚕,桑文化在我国数千年的农业文明中占据了独特地位,农桑立国孕育了华夏文明,同时也孕育了闻名世界的"丝绸之路"。桑树对我国的文明起源和发展具有重要意义,因此被称为"东方神木"。
	桑树为什么被称为"东方神木"?				

（续表）

思	建立模型	要探究人们"神化"某种事物的原因，就要从其自然特性、人文价值和发展历史等角度综合分析。		
	探究时长	引入辨点	探究活动	辨析总结
辨	5分钟	除了桑树，还有什么树种被称为"东方神木"？	学生课前搜集资料，在课上与组内同学交流，并完成一份"东方神木"探究报告。	除桑树外，乌木和金丝楠木也被称为"东方神木"。
行	探究时长	探究活动		
	15分钟	茶叶为什么被称为"东方神草"？		

第9课探究单

探究活动

材料：

桑树——桑树属桑科桑属，为落叶乔木，在中国有5000多年的种植历史，自古被视作"东方神木"。它伴随着古代劳动人民走过了漫长历史岁月，同时也被赋予了丰富的人文情怀。人们常常用它来代指家国安定，寄托思乡之情。独特的农桑文化，孕育了伟大的华夏文明，同时也孕育了闻名世界的"丝绸之路"。

银杏——银杏是古代银杏类植物在地球上存活的唯一品种，最早出现于3.45亿年前的石炭纪，因此被看作"世界第一活化石""植物界的大熊猫"。它生长速度很慢，寿命极长，自然条件下，从栽种到开始结果要二三十年，进入盛果期要四五十年，因此民间又有"桃三杏四梨五年，无儿不栽白果园"的说法。

柳树——柳树是杨柳科柳属乔木植物，在中国已有4000多年的栽培历史。旧时，柳树一直为文人所青睐，柳树因"柳"和"留"谐音，所以古人常以"柳"赠友，以表达依依惜别之情。柳树通过扦插繁殖，耐寒、耐涝、耐旱，极易存活，因而有"家有百株柳，吃穿不用愁"的说法。

雪松——雪松是松科雪松属常绿高大乔木，高达 30 米左右，胸径可达 3 米，喜温凉湿润气候，抗寒性强。具有一定的经济价值和药用价值。

阅读材料，说说你认为哪种树可以当选为"神木"，并把你的理由填入下表。

树种	桑树	银杏	柳树	雪松
选择打"√"				
选择它的原因				

（"桑树"课程编写人员：金小梅、刘芳、李亚玲、马亚萍、马丽萍、李凡娣、马海丽、王洒、李婷、李娜、何静、李嘉威、李梅、李娟、丁圆圆）

"向日葵"问思辨教学设计

第1课

实施年级	四年级	超学科概念	定义
核心问题	向日葵是葵还是菊?		
认知目标	了解向日葵的自然属性。		
能力目标	能够根据植物名称进行分析,判断植物属性。		
素养目标	知道探究一种植物的自然属性,需要依据它的特征进行科学分类和判断。		

探究进阶	探究时长	探究内容		
学	5分钟	1.猜谜语,看谁猜得又对又快——高高个儿一身青,金黄圆脸喜盈盈,天天对着太阳笑,结的果实数不清。 2.阅读《二如亭群芳谱》中对西番葵的描写,猜猜这种植物现在叫什么名字。 3.欣赏古诗《长歌行》,请同学们一边听一边思考:古诗中的"葵"是向日葵吗?引出探究问题。		
问	向日葵是葵还是菊?			

	思维进阶		开启问题	进行推断	总结 / 延展
思	探究活动1	5分钟	"葵"是什么?	1.观察"葵"字的演变过程,推测"葵"到底是什么。 2.到《说文解字》中寻找"葵"的含义。 3.观察生活中带"葵"字的植物,分析它们有何共性。	"葵"的本义是一种菜名,即葵菜。葵菜花叶喜阳,具有向阳特性。《长歌行》中"青青园中葵"的"葵"指的便是葵菜。许多名字里带"葵"字的植物都具有向光性或喜光生长。
	探究"葵"的概念。				

（续表）

	思维进阶		开启问题	进行推断	总结/延展
思	探究活动2	10分钟	向日葵为什么属于菊科植物？	1. 仔细观察向日葵的根、茎、叶、花、果实有什么特点，小组合作完成探究活动。 2. 观看视频《秒懂百科——向日葵》，再次认识向日葵，同时在探究单上进行补充。	向日葵属菊科是因它具有菊科植物的典型特点，如具有头状花序、叶互生、瘦果等。除了其外形的典型特征外，向日葵还具有向光性、耐盐碱等特点。
	探究向日葵的自然属性特点。				
	探究活动3	5分钟	向日葵这个名字是怎么来的？	1. 回顾向日葵的特性，学生小组交流自己对向日葵名称的理解。 2. 向日葵还有哪些别名？学生交流，教师补充。	向日葵因其花序随太阳转动而得名。它的别名有朝阳花、转日莲、向阳花、望日莲、太阳花等。
	探究向日葵名称的由来。				
	建立模型		探究一种植物的自然属性，不能简单地从字面意思或主观经验去推断，要依据它的特征，进行科学分类和判断。		
辨	探究时长		引入辨点	探究活动	辨析总结
	3分钟		向日葵和太阳花一样吗？	1. 比较向日葵和太阳花的外形特点。 2. 搜集不同生长阶段的向日葵图片。 3. 学生小组讨论并发表自己的看法。	太阳花是人们对向日葵的俗称，是根据其向光特性而命名的。一般人们把没长大的向日葵称为太阳花，它的大小、颜色等都和成年后的向日葵有一定区别，主要用于观赏。
行	探究时长		探究活动		
	12分钟		请你试着用黏土，制作一朵属于自己的向日葵。注意要把本课所学的向日葵的自然属性体现出来哦！		

第1课探究单

探究活动

1.认真观察向日葵的根、茎、叶、花、果实，将其各部分特点填入表格。

2.观看视频《秒懂百科——向日葵》，将视频中的补充资料对应填入表格第二行。

向日葵探究活动记录单					
内容	茎	叶	花	根	果实
观察图片					
补充信息					

第2课

实施年级	四年级	超学科概念	规律
核心问题	为什么说向日葵是"植物数学家"？		
认知目标	了解向日葵葵盘的奥秘。		
能力目标	能够通过科学观察、分析，了解向日葵籽实分布中蕴含的数学道理。		
素养目标	能够通过观察事物外形、分析事物数据等方式探寻蕴含在事物发展过程中的科学规律。		

探究进阶	探究时长	探究内容
学	3分钟	1. 师生交流讨论：向日葵都由哪些部分组成？ 2. 游戏：教师出示向日葵各个部分的图片，学生在黑板上将向日葵拼贴完整。
问		为什么说向日葵是"植物数学家"？

思	思维进阶		开启问题	进行推断	总结／延展
	探究活动1	6分钟	向日葵葵盘的籽实是怎样分布的？	1. 学生观察向日葵成熟前后的图片。 2. 交流、总结成熟后向日葵籽实的变化。 3. 观察成熟向日葵籽实的分布，完成探究活动。	向日葵成熟后，葵盘会结满黑亮、饱满的籽实，葵盘中的籽实是从中间一圈一圈向外分布的。
	向日葵的籽实分布有什么特点？				
	探究活动2	5分钟	葵盘中的籽实数有怎样的分布规律？	1. 教师出示图片，学生数一数葵盘由内到外每一圈各有多少粒籽实，再把这些数字记录下来。 2. 小组交流：仔细观察这些数字，说说从中发现的规律。	葵盘中的籽实每圈数量规律如下：从第三圈开始，每一圈的籽实数量都等于前面两圈数量之和。
	向日葵籽实的分布规律是什么？				

（续表）

	思维进阶		开启问题	进行推断	总结/延展
思	探究活动3	10分钟			斐波那契数列广泛存在于动物、植物的外观，星体运行等方面，是自然界的重要数学现象，也是计算机科学和经济金融领域中的重要工具。除向日葵外，植物中的数学奥秘还有茉莉花外形中隐含的笛卡尔叶形线、车前草夹角呈现出的黄金角等。
	葵盘中籽实数量的分布规律有什么数学意义？		葵盘中籽实数量的分布规律隐藏着怎样的数学奥秘？	1. 观看视频《向日葵与斐波那契数列》，了解葵盘中籽实分布的数学意义。 2. 师生交流：你还知道哪些植物的外观、生长方式或繁殖过程中隐藏着一定的数学奥秘？	
	建立模型		要探究一种事物的内在规律，可以通过观察事物的外形，分析事物的数据特征，总结蕴含在事物发展过程中的科学规律。		
辨	探究时长		引入辨点	探究活动	辨析总结
	5分钟		按斐波那契数列分布排列的籽实，对向日葵来说有什么意义？	学生小组交流讨论，发表自己的观点，并说出理由。	按照斐波那契数列排列，可以使向日葵在同样的花盘大小的情况下结出更多的籽实。
行	探究时长		探究活动		
	10分钟		以小组为单位，用一次性纸盘做葵盘，用黏土做成向日葵的籽实，按照课上所学的斐波那契数列，将黏土籽实粘在纸盘上。		

第 2 课探究单

探究活动

请你认真观察向日葵的葵盘，说说成熟向日葵的籽实是怎样分布的。

第3课

实施年级	四年级	超学科概念	变化
核心问题	向日葵从古至今发生了哪些变化?		
认知目标	了解向日葵的驯化过程。		
能力目标	了解向日葵的进化过程,辨析驯化野生植物的利与弊。		
素养目标	通过探究向日葵的进化过程,知道人工驯化是植物发生变化的一个重要原因。		

探究进阶	探究时长	探究内容		
学	2分钟	出示南方古猿和现代人的对比图,引导学生观察二者区别,分析人类的进化方向,并以此推测向日葵从古至今发生了哪些变化。		
问	向日葵从古至今发生了哪些变化?			

思	思维进阶		开启问题	进行推断	总结/延展
	探究活动1	6分钟	向日葵的"祖先"是什么样的?	出示野生向日葵和油用向日葵对比图,比较野生的向日葵和人工种植的向日葵有什么不同。	野生向日葵分叉较多,每个分叉上都会开出一朵花,花盘较小,籽实较少。油用向日葵每株只开一朵花,花盘大,结出的籽实更大、更多。
	探究野生向日葵的特点。				
	探究活动2	6分钟	野生向日葵是怎样被人类驯化的?	1.搜集相关资料,了解野生向日葵的驯化历史。 2.思考人类驯化向日葵的原因。	向日葵于15世纪被航海家从美洲带回欧洲,起初作为观赏花,随后人们逐渐开始尝试食用其花朵。18世纪后向日葵被引入俄国,俄国人发现葵花籽可以榨油,便开始进行大规模种植,并对其品种进行选育,使其花盘不断变大,含油量不断上升,逐渐成为我们现在看到的向日葵形态。
	探究野生向日葵被驯化的过程。				

（续表）

	思维进阶		开启问题	进行推断	总结 / 延展
思	探究活动3	8分钟	怎样能使向日葵结出更多更大的籽实？	1. 向日葵的籽实会受哪些因素的影响？ 2. 我们可以通过什么方法，使向日葵结出更大、更多的籽实呢？	向日葵的结籽情况会受自然环境、种植条件、品种等因素的影响。在农业技术不断发展的今天，农业工作者通过人工授粉、农肥施用、控制密度提升向日葵的结籽率和籽实的饱满程度。
			现在的向日葵为什么籽实越来越大了？		
	建立模型		人类根据自身需要和植物的生长特点，对野生植物进行驯化，使其更加符合人类生活的需要。		
辨	探究时长		引入辨点	探究活动	辨析总结
	8分钟		葵花籽越大越好吗？	1. 了解食用型和油用型的向日葵籽分别有什么特点。 2. 教师引导学生思辨，学生说明自己的观点和理由。	葵花籽的大小并不是决定其品质的唯一标准。含油量、异类籽、虫蛀率等都会影响葵花籽的品质。
行	探究时长		探究活动		
	10分钟		请你用卡纸制作一朵野生向日葵，和同学比一比，谁的作品更能还原野生向日葵的样子。		

第3课探究单

探究活动

观察图片，对比野生向日葵和人工培育向日葵有什么不同？

	野生向日葵	人工培育向日葵
分杈		
花盘		
果实		

第4课

实施年级	四年级	超学科概念		功能	
核心问题	为什么说向日葵全身都是宝？				
认知目标	了解向日葵的用途。				
能力目标	能够通过对比、分析了解向日葵的用途。				
素养目标	提高多维度、多视角探究事物的能力。				
探究进阶	探究时长		探究内容		
学	5分钟		如果你手中有一株向日葵，你会用它做什么？快跟小伙伴们分享你的想法吧。		
问	为什么说向日葵全身都是宝？				
思		思维进阶	开启问题	进行推断	总结/延展
	探究活动1	5分钟			
	向日葵都能做成哪些食物？		你吃过葵花籽吗？	1.实物展示以葵花籽为原料制成的食物，并出示图片作为补充。2.请学生看一看、摸一摸、闻一闻、尝一尝这些用葵花籽做成的食物，并说说口感如何。3.想一想向日葵籽还可以做什么。	向日葵籽富含油脂，可以直接吃也可以榨油当作烹饪食品的调味品，它制作成的各种食品，味道好且营养丰富，深受人们喜爱。
	探究活动2	5分钟			
	向日葵能入药吗？		向日葵有什么药用价值？	1.搜集资料了解向日葵所含有的药物成分和营养元素。2.探究有哪些药中含有向日葵成分。	向日葵的葵盘、花、茎和叶都可入药，其药效主要包括：活血化瘀，止痛，清热解毒，消炎，驱虫等。

（续表）

	思维进阶		开启问题	进行推断	总结／延展
思	探究活动3	5分钟	向日葵只能吃吗？	结合生活经验，思考向日葵还有什么功用。	万物皆有其用，要充分发挥某种事物的作用，就要积极调动人的主观能动性，把握事物的特点和规律，使其为人所用。
	向日葵还有其他用途吗？				
	建立模型		要探究某种植物对人的价值，可以分部分，依据其自然特点进行分析。		
	探究时长		引入辨点	探究活动	辨析总结
辨	5分钟		"全身是宝"与"一无是处"对于向日葵来说哪样更利于其自身生长？	教师引导学生思辨，学生以各自立场说明自己的观点和理由。	生物的进化遵循"物竞天择、适者生存"的规律，无论哪种进化方向对植物而言都各有利弊。
行	探究时长		探究活动		
	10分钟		请你展开想象，试着用葵花籽制作一件艺术作品。		

第4课探究单

探究活动

你都吃过哪些以向日葵为原料制成的食品？展开想象，说说你还可以用向日葵做什么。

第5课

实施年级	四年级	超学科概念	原因		
核心问题	健康的葵花籽油一定受欢迎吗?				
认知目标	了解葵花籽油的营养价值。				
能力目标	能够通过收集、整理、分析资料,了解葵花籽油成为"世界三大健康油之一"的原因。				
素养目标	理解食物营养价值与摄入量的平衡关系。				
探究进阶	探究时长	探究内容			
学	6分钟	准备葵花籽、研磨器具,亲自磨一磨葵花籽,尝一尝、闻一闻葵花籽油的味道。			
问	健康的葵花籽油一定受欢迎吗?				
思		思维进阶	开启问题	进行推断	总结/延展
	探究活动1	6分钟	葵花籽油里有什么?	观看视频《葵花籽油的营养成分》,了解葵花籽油里含有的营养成分,完成探究活动一。	葵花籽油含有固醇、维生素、亚油酸等多种对人类有益的物质,其中天然维生素E含量在所有主要植物油中含量最高;亚油酸含量可达70%左右,对部分心脑血管疾病有一定作用。
	了解葵花籽油的营养成分。				
	探究活动2	5分钟	葵花籽油怎么吃都健康吗?	观看视频《葵花籽油抗氧化实验》,了解葵花籽油的抗氧化能力,了解葵花籽油的沸点等有关知识。	葵花籽油虽然健康,但是不适宜高温煎炸,易发生氧化。所以用葵花籽油料理食物时,尽量采用清炒、煲汤、凉拌等方式,这样可以最大限度地保留其营养成分。
	了解葵花籽油的健康吃法。				

（续表）

	思维进阶		开启问题	进行推断	总结／延展
思	探究活动3	8分钟	葵花籽油和咱们生活中常用的烹调油一样吗？	1.小组讨论：你们家平时用什么油作为烹调油，它的味道是怎样的？ 2.通过观察、品尝、搜集资料等方式对比葵花籽油和其他烹调油，并完成探究活动二。	葵花籽油颜色金黄，澄清透明，气味清香，是一种重要的食用油。葵花籽油含有甾醇、维生素、亚油酸等多种对人类有益的物质。
	葵花籽油和其他烹调油有何不同？				
	建立模型		人们的饮食习惯不仅受健康意识的影响，还会受地域文化、物产特色、历史传统等因素的影响。		
辨	探究时长		引入辨点	探究活动	辨析总结
	5分钟		养生的食物，就应该多吃吗？	教师引导学生思辨，学生根据各自立场说明观点和理由。	养生的食物也要适量摄入，不易贪多。
行	探究时长		探究活动		
	10分钟		运用同样的方法了解、探究"世界三大健康油"中的其他两种食用油。		

第 5 课探究单

探究活动一

观看视频《葵花籽油的营养成分》，了解葵花籽油所含的营养物质，填入下表。

葵花籽油的营养成分	

探究活动二

你家最常用的烹调油是什么？请你借助下表将它和葵花籽油进行对比。

特性 种类	颜色	香味	营养成分
葵花籽油			
我家的烹调油 _____			

第6课

实施年级	四年级	超学科概念		联结
核心问题	小小的葵花籽怎样卖出好价钱？			
认知目标	了解决定商品价格的因素有哪些。			
能力目标	能够通过市场调查、搜集资料、小组讨论等方式，探究影响商品价格的因素。			
素养目标	了解提升商品经济效益的方法。			
探究进阶	探究时长	探究内容		
学	5分钟	收集整理不同品牌葵花瓜子的价格，与同桌交流调查结果，引出探究问题。		
问	小小的葵花籽怎样卖出好价钱？			

思			思维进阶	开启问题	进行推断	总结/延展
	探究活动1	10分钟		同样是葵花瓜子，为什么价格差距那么大？	调查不同品牌的葵花瓜子价格，小组交流：瓜子的价格可能会受哪些因素的影响？	葵花瓜子的价格与其制作工艺、口味特色、包装、广告、销售方式、品牌效应之间有密切关系，这些都是影响瓜子价格的因素。
	影响葵花瓜子价格的因素有哪些？					
	探究活动2	5分钟		同样是葵花籽油，为什么价格会有差距？	1.学生交流：除了瓜子之外，葵花籽还能制成哪些食品？ 2.思考、分析：影响葵花籽油价格的因素有哪些？	影响葵花籽油价格的因素有很多，如原料产地、加工工艺、运输方式、品牌等。
	葵花籽油价格不同的原因。					
	探究活动3	5分钟		葵花籽变个吃法，为什么价格贵那么多？	观看坚果制品生产线视频，分析影响不同形式产品成本的因素。	瓜子酥、瓜子糖等产品由葵花籽加工而成，附加在这些产品上的各项生产成本相比单纯的葵花籽生产要大得多，故而其价格也相对较高。
	探究瓜子酥、瓜子糖等产品价格较贵的原因。					

（续表）

思	建立模型	经过精加工的产品身上凝结着更高的附加值，同时也附着更高的成本，要想提升产品利润，就要在提升产品附加值的基础上降低生产成本。		
	探究时长	引入辨点	探究活动	辨析总结
辨	5分钟	如果你是消费者，粗加工和精加工的产品你会选择哪个？	教师引导学生思辨，学生以各自立场说明自己的观点和理由。	作为消费者，我们选择产品时要从自身需求和经济实力出发，不要仅以产品的加工方式决定选择哪种产品。
	探究时长	探究活动		
行	10分钟	如果让你以向日葵为主要原料设计一款产品，你会设计什么呢？		

第6课探究单

探究活动

请你收集不同品牌葵花瓜子的规格、售价、每克单价，整理在下表中。

品牌	规格（克）	售价	每克单价

第7课

实施年级	四年级	超学科概念		观点
核心问题	向日葵的象征意义是什么？			
认知目标	知道向日葵的象征意义是什么。			
能力目标	能从不同的艺术作品中体会向日葵的象征意义。			
素养目标	能够通过搜集资料、观察实物、对照比较等方法了解植物的象征意义。			
探究进阶	探究时长		探究内容	
学	4分钟		根据前面所学，说说你心目中的向日葵是一种怎样的植物。	
问	向日葵的象征意义是什么？			

思			思维进阶	开启问题	进行推断	总结／延展
	探究活动1	10分钟	了解古诗里的向日葵象征意义。	古诗里的向日葵象征着什么？	1.搜集你喜欢的有关向日葵的古诗，体会作者表达的思想感情。2.学生交流：古诗中的向日葵有哪些象征意义？	因向日葵具有向阳而生的自然特性，故而古人常借向日葵表达自己向往光明、刚正不阿的意志品质。
	探究活动2	5分钟	了解画家眼里的向日葵的象征意义。	油画中的向日葵是怎样的？	1.欣赏凡·高的油画作品《向日葵》，同学间交流直观感受。2.了解油画《向日葵》的创作背景，分析画家想借助向日葵表达怎样的思想感情。	凡·高的《向日葵》表达了他对光明的渴望和对生活的热爱。

（续表）

思维进阶		开启问题	进行推断	总结／延展
思	探究活动3 8分钟			向日葵在俄罗斯有着悠久的种植历史和广大的种植面积。这种出油率较高的植物为寒冷的俄罗斯人民带去了希望和温暖。向日葵颜色鲜艳，生命力顽强，象征着光明和希望，深受俄罗斯人民的喜爱，因而被选定为俄罗斯的国花。
	探究向日葵为什么能成为俄罗斯的国花。	俄罗斯的国花为什么是向日葵？	1.说说向日葵给人怎样的印象和感受。2.了解向日葵在俄罗斯的种植历史。3.总结向日葵能成为俄罗斯国花的原因。	
	建立模型	要探究一种植物的象征意义，可以从它的自然特性、种植历史等方面入手。		
辨	探究时长	引入辨点	探究活动	辨析总结
	5分钟	植物的象征意义必须是约定俗成的吗？	教师引导学生思辨，学生以各自立场说明自己的观点和理由。	由于不同国家或民族的传统习俗、文化背景各有不同，因此同样的植物在不同地区的人们心中所代表的象征意义也千差万别。
行	探究时长	探究活动		
	10分钟	结合你对向日葵的理解，写一首关于向日葵的小诗吧。		

第7课探究单

探究活动

请把你搜集到的有关向日葵的古诗抄写下来，说说作者借向日葵表达了怎样的思想感情。

有关向日葵的古诗	诗中的向日葵所代表的情感

第8课

实施年级	四年级	超学科概念		表现	
核心问题	凡·高的《向日葵》为什么能成为世界名画?				
认知目标	知道凡·高的《向日葵》在油画领域中的地位。				
能力目标	探索凡·高的《向日葵》的表现内容。				
素养目标	了解凡·高的《向日葵》能成为世界名画的原因。				
探究进阶	探究时长		探究内容		
学	2分钟		说起油画大师,大家一定会想到凡·高,你所知道的凡·高是怎样的一位画家呢?引出探究话题。		
问	凡·高的《向日葵》为什么能成为世界名画?				
思		思维进阶	开启问题	进行推断	总结/延展
	探究活动1	6分钟	凡·高画的每朵向日葵有什么不同?	欣赏凡·高所画的《向日葵》,说说你从画中看到了向日葵的哪些不同形态。完成探究活动。	凡·高的《向日葵》系列油画中,描绘了未完全盛放的、盛放的、结籽的、枯萎的等多种状态的向日葵,他用或明或暗的笔触将向日葵的一生全部呈现在画布上。
	凡·高的《向日葵》中都画了什么?				
	探究活动2	6分钟	凡·高不同的《向日葵》表达的感情都一样吗?	1.了解凡·高创作不同《向日葵》的背景。 2.通过不同的《向日葵》作品,体会画家的心理变化。	根据当下美术界的研究,我们一般认为凡·高共创作了11幅《向日葵》,按照创作地及时间,分为两部分,其中4幅是在巴黎创作的,另外7幅是在法国的小城镇阿尔勒创作的。在巴黎创作的4幅《向日葵》色彩相对较暗,着重表达凡·高对光明和爱情的渴望,后续创作的7幅《向日葵》着色由明到暗各有不同,体现着凡·高内心的孤独和对生命的热爱。
	凡·高的《向日葵》想要表达什么?				

（续表）

	思维进阶		开启问题	进行推断	总结/延展
思	探究活动3	8分钟	凡·高的《向日葵》好在哪里？	1. 了解凡·高的生平经历和艺术成就。 2. 对比油画作品《向日葵》和现实中的向日葵，说说艺术作品与现实植物有什么异同。 3. 再次感受油画《向日葵》的视觉冲击。	在凡·高的《向日葵》中，或明或暗的黄色充分表现着向日葵的生命力，阐述着画家渴望阳光，渴望美好生活的内心独白。在绘画技巧方面，凡·高非常重视画面质感，用向上提起的笔触呈现花朵怒放的视觉效果。背景中的交叉十字笔触，更是打破了传统的构图和笔触规则，充满了遒劲的爆发力。
		凡·高的《向日葵》为什么世界闻名？			
	建立模型		人们对于世界名画的评判标准各有不同，但是绘画作品中所表达出的情感和呈现技法的突破，是其评价的重要标准。		
辨	探究时长		引入辨点	探究活动	辨析总结
	5分钟		人工智能也能创作艺术作品吗？	教师引导学生思辨，学生以各自立场说明自己的观点和理由。	随着人工智能技术的不断发展，其功能也越来越强大，借助该技术人们能轻松完成音乐、绘画、文学作品的创作，但艺术作品更重要的是倾注艺术家的情感，表达艺术家的思想意识，因此对于人工智能所完成的作品能否成为"艺术"，还需要人们进一步的探究。
行	探究时长		探究活动		
	10分钟		请你根据自己的观察和脑海中的印象，用油画棒和刮刀绘制一幅《向日葵》吧。		

第8课探究单

探究活动

这幅画里有 _____ 朵向日葵，它们分别是向日葵一生中的哪几个状态？请你仿照例子标注出来。

枯萎的向日葵

第9课

实施年级	四年级	超学科概念		关系
核心问题	向日葵有哪些美好的寓意？			
认知目标	了解向日葵的不同寓意。			
能力目标	能够从不同角度分析人们用事物表达感情的方式。			
素养目标	理解美好的愿望需要我们付出扎实的努力来实现。			
探究进阶	探究时长		探究内容	
学	5分钟		你知道不同花朵有着不同的花语吗？说说你所知道的花语，引出探究问题。	
问	向日葵有哪些美好的寓意？			

		思维进阶		开启问题	进行推断	总结/延展
思	探究活动1	5分钟		人们在什么情况下会送向日葵花束？	1.回忆一下自己在哪些地方见到过向日葵花束。 2.小组讨论：向日葵花束表达了送花人怎样的情感？ 3.根据上述内容，推测向日葵的花语是什么。	向日葵的花语包括：希望与阳光；忠诚与坚贞；爱与友情；成长与变革。所以我们常常能看到朋友或恋人之间互送向日葵花束，表达他们对友人和爱人的美好祝福和深刻情感。
	向日葵的花语有哪些？					
	探究活动2	5分钟		为什么人们会送给考生向日葵花束？	1.搜集资料，了解一举夺魁的"魁"是指什么。 2.了解魁星在中国古代神话中是掌管什么的神。说一说哪些考试适合送向日葵花束。	人们之所以会送给考生向日葵花束，是借由"葵"的谐音，表达对考生"一举夺魁"的美好祝福。魁星是我国神话中主宰文章兴衰的神，所以向日葵花束更适合送给参加语文、道德与法治等考试的考生。
	向日葵是中国考生的保护神吗？					

（续表）

	思维进阶		开启问题	进行推断	总结／延展
思	探究活动3	5分钟	古人也用向日葵来寄托考试顺利的愿望吗？	1.了解向日葵在中国的种植历史。 2.从古代画作中寻找古人都用什么来祈求考试顺利。	向日葵是明朝才传入我国的，所以我们很少在古诗中见到古人以向日葵祈求考试顺利。从郑燮的《幽兰佛手》和清·华嵒《荷鹭》两幅图中可知，古人常常通过佛手、香橼、鹭鸶、莲花等有美好谐音的事物来祈求考试顺利、喜得连科的。
	为什么在古诗中没有出现过用向日葵祈求考试顺利的句子？				
	建立模型		事物所承载的寓意和希望与文化背景和历史发展密切相关。		
辨	探究时长		引入辨点	探究活动	辨析总结
	6分钟		你认为考前祈愿、考后送花这些行为对考试有帮助吗？	教师引导学生思辨，学生以各自立场说明自己的观点和理由。	无论是祈愿还是送花，都表达了人们对考生的美好祝愿。但归根结底考试考的还是考生自己的能力和水平，美好的愿望还需要通过扎实的努力才能实现。
行	探究时长		探究活动		
	10分钟		请你搜集有关学习读书的名言警句，配上向日葵的插图，制作几个励学书签。		

（"向日葵"课程编写人员：俞炳山、张佳梅、李秀霞、何鹏娟、吴倩、吴娟、龚晓琳、邵君洁、王佩一、吴娟芳、冯荣、贺淑芳、邵秀琴、卢凤杰、高翔）

"中国纸"问思辨教学设计

第1课

实施年级	六年级	超学科概念		定义
核心问题	纸是怎样制成的？			
认知目标	了解纸诞生的历史背景，知道纸的特性。			
能力目标	能够在了解纸的特性的基础上，对生活中常见的纸进行分辨。			
素养目标	能够结合生活经验和历史背景分析事物的特性。			
探究进阶	探究时长		探究内容	
学	5分钟	结合生活经验，尝试用一个词或一句话概括一下你对纸的印象，引出探究问题。		
问	纸是怎样制成的？			

思	思维进阶		开启问题	进行推断	总结/延展
	探究活动1	10分钟	没有纸以前，人类都是如何书写记录的？	1.观看视频《古人最初记录文字的方式》，了解没有纸以前，人类都是如何记录书写的。 2.交流讨论：这些记录载体和纸相比，有什么特点？	纸被发明出来之前，人们以岩壁、甲骨、陶器、竹简、缣帛等为载体记录文字或图画，留下人类文明探索的足迹，这是人类文明记载的原始形态。这些记录载体有的硬度过大，有的易破损，有的不便于携带。
	探究纸发明之前人类的记录方式。				

	思维进阶		开启问题	进行推断	总结／延展
思	探究活动2	10分钟	古人是怎样造纸的？	1. 阅读探究活动二中的材料，讨论交流"蔡伦的造纸术为什么能得到推广和流传"。 2. 阅读探究活动三中的造纸工序，并按正确顺序填入后面的造纸流程图中。	蔡伦以树皮、麻布、旧渔网为原料，经过浸泡、捣泥、滤取、焙纸等程序，制成了成本低廉、便携好用的"蔡伦纸"。
	探究古人造纸的原材料和基本工序。				
	探究活动3	10分钟	草纸、牛皮纸、锡纸也是纸吗？	通过触摸、拉扯等方式辨别草纸、牛皮纸、锡纸哪种是真正的纸。	像打印纸、草纸、牛皮纸等这类将含植物纤维的原材料经过浸泡、捶洗、蒸煮、漂洗、捣泥、滤取、倒铺、焙干、成纸等工艺流程制成的纸是真正的纸，而锡纸、砂纸、塑料纸都只是有纸平整、轻薄的形态但并不是真正的纸。
	草纸、牛皮纸、锡纸，哪种是真正的纸？				
	建立模型		要确定一种事物的定义，要从它产生的目的、材料、本质去追溯，而不只是看它的名称。		
	探究时长		引入辨点	探究活动	辨析总结
辨	5分钟		为什么许多事物的名称中会包含其他事物？	生活中我们经常会遇到很多名字相似的事物，比如米、玉米，花、爆米花、烟花，布、瀑布等，它们虽字相似，但却不一定属于同一类事物。小组交流讨论这些事物这样命名的原因。	名称相似不一定就是同一类事物，它们可能就是因为形态、特点相似而被赋予相似的名称，我们要了解一种事物的特点，不能只看它的名称，还要从它的作用、性质等方面去分析。

（续表）

行	探究时长	探究活动
	课下完成	从日常生活中收集原材料，尝试制造一张纸。

第1课探究单

探究活动一

观察图片，说一说：没有纸以前，人们是怎样书写记录的？

探究活动二

材料：

蔡伦，字敬仲，东汉桂阳郡（今湖南省耒阳）人。东汉永元年间，他负责监督制作皇宫专用的剑器以及各种器械。永和十四年（102年）邓绥皇后下令各郡国进献纸墨，时任尚方令的蔡伦深感"缣贵而简重，并不便于人"，于是他下决心制造出更廉价轻便的纸张。他以树皮、麻布、渔网等为原材料，经过不断研究改进，制成了闻名于世的"蔡侯纸"。

读了上述材料，你知道蔡伦造纸所用的原材料都有哪些吗？蔡伦的造纸术得以推广和流传与他造纸所用的原材料有什么关系吗？

探究活动三

材料：

● 浸泡：将原材料切碎浸泡 100 天。

● 倒铺：把捞过纸浆的竹帘倒铺在压榨板上，纸膜落在板上，慢慢堆叠成纸页。

● 捶洗：取出原材料用力捶洗，使其初步脱胶。

● 漂洗：取出蒸煮的原料放入清水内漂洗。

● 蒸煮：取出原材料拌入灰水浸在木桶中蒸煮 8 天。

● 焙纸：将湿纸放在两道加热的土砖砌成的墙上焙干。

● 滤取：在纸槽里用细竹帘在纸浆中滤取，使纸纤维留在竹帘上形成一层纸膜。

● 成纸：干透后揭起来就是一张可使用的纸。

● 捣泥：取出煮烂的原料放入大缸里用力捣成泥状，然后用适量水调配，使原料中的纤维分离并浸透水分。

请你阅读上述造纸工序，并按正确顺序填入下面的流程图。

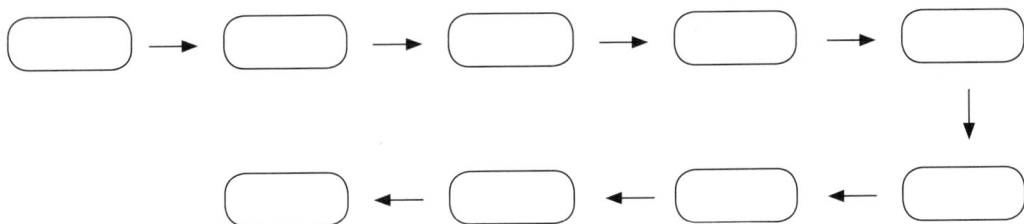

第2课

实施年级	六年级	超学科概念	形式

核心问题	宣纸为什么能成为国家"地理标志保护产品"？
认知目标	通过追溯宣纸的诞生原因、创造经过，知道宣纸最早诞生于中国，是中国纸的代表。
能力目标	能够根据宣纸的特点辨认出宣纸。
素养目标	知道要探究一种纸的特点，需从它的诞生原因、具体功用等方面进行分析。

探究进阶	探究时长	探究内容
学	3分钟	你用过宣纸吗？你印象中的宣纸是怎样的？
问	宣纸是中国独创的吗？	

思	思维进阶		开启问题	进行推断	总结 / 延展
	探究活动1	5分钟	怎样辨别一张纸是不是宣纸？	1.教师给学生提供一张宣纸和另外两种纸，学生小组合作，通过看一看、摸一摸、揉一揉或者用毛笔写一写对三种纸进行辨别，判断哪张是宣纸，并完成探究活动一。2.小组总结归纳宣纸的特点。	宣纸具有质地绵韧、光洁如玉、不蛀不腐、墨韵万变等特点。我们可以从它的外表特征、触感、抗破损性和润墨性这几方面来辨别一张纸是不是宣纸。
	宣纸有哪些特点？				
	探究活动2	3分钟	中国人为什么要制造宣纸？	阅读探究活动二中的材料，分析宣纸诞生的原因，并完成探究活动二。	宣纸是随着人们生产生活的需要而被创造出来的。宣纸制作工艺是对蔡伦造纸术的传承与创新，宣纸是中国书画作品的载体，它的制作工艺与中国书画艺术共同发展，相互促进。
	了解宣纸的制造目的。				

（续表）

	思维进阶		开启问题	进行推断	总结／延展
思	探究活动3	5分钟			泾县宣纸质地纯白细密，纹理清晰，绵韧而坚，百折不损，有"轻似蝉羽白如雪，抖似细绸不闻声"之誉；光而不滑，吸水润墨，宜书宜画，不蠹不腐，有"纸寿千年""纸中之王"之称。在漫长的历史发展中，宣纸传统制作工艺在制作者手中代代传承，辅以当地独有的生产材料，将这一传统技艺不断发扬光大。宣纸是我国深厚的人文历史的见证者，是多彩文化艺术的传承者，故而能成为国家"地理标志保护产品"。
			为什么宣纸能成为国家"地理标志保护产品"？	泾县宣纸有哪些独特的人文价值？	观看视频《徽韵万载 纸寿千年》，了解泾县宣纸的特点和发展历史，并交流自己理解中的宣纸的人文价值。	
	建立模型		通过对事物产生的历史背景、实际功用的分析，可以对事物的人文特点进行总结。		
辨	探究时长		引入辨点	探究活动	辨析总结
	5分钟		将来宣纸会不会被其他纸品取代？	教师引导学生思辨，学生以各自立场说明自己的观点和理由。	任何事物的存在与消亡都与其所处的时代背景密切相关。随着社会电子化程度提高，宣纸可能会变得越来越少见，但这一承载中华文明和书画艺术的载体不会消亡。
行	探究时长		探究活动		
	5分钟		设计出你心中未来的"纸"，你可以从材质、操作方法、功能等方面进行创新设计。		

第2课探究单

探究活动一

请你通过看一看、摸一摸、揉一揉或者用毛笔写一写对三种纸进行辨别，判断哪张是宣纸，并把你的发现记录到表格中。

纸样标本	颜色	软硬度	抗破损性	润墨性
1号纸				
2号纸				
3号纸				

探究活动二

材料：

宣纸的起源

相传，蔡伦去世后，其弟子孔丹在皖南造纸，他想造出一种洁白的纸，好为老师画像，以表缅怀之情。他在峡谷溪边偶见一棵古老的青檀树横卧溪上，其树皮被流水冲洗得腐烂褪色，露出了一缕缕洁白的纤维。孔丹欣喜若狂，取之造纸，经反复试验，终获成功。这种纸就是后来我们所知道的宣纸。

阅读上述材料，你知道古人最初为什么要制造宣纸了吗？

第3课

实施年级	六年级	超学科概念	变化
核心问题	纸的"寿命"有多长？		
认知目标	了解影响纸张"寿命"的因素。		
能力目标	通过探究影响纸的"寿命"的多种因素，认识到纸的变化受人文因素和自然因素的多重影响。		
素养目标	懂得探究一种事物的使用寿命可以从制作材料、使用方式、保管方式三个方面去分析。		

探究进阶	探究时长	探究内容	
学	5分钟	在你的生活中，陪伴你时间最长的一件物品是什么？它如今多少"岁"了？以此引出探究问题。	
问	纸的寿命有多长？		

思	思维进阶		开启问题	进行推断	总结/延展
	探究活动1	10分钟	我国最"长寿"的纸现在多少"岁"了？	1. 查阅资料，了解世界上最早的植物纤维纸是什么。 2. 小组合作计算这张纸的"年龄"。	目前已知的世界上最早的植物纤维纸是西汉麻纸，因其出土于西安市郊的灞桥一带，故又称为灞桥纸。据考证，西汉麻纸距今已有2200年左右，所以它已有两千多岁了。
	在我国现存的最古老的纸是什么？				
	探究活动2	8分钟	纸的使用寿命是由什么决定的？	1. 小组交流讨论：纸最怕什么？ 2. 由讨论结果推断延长纸张使用寿命的方法。	保存环境的湿度、日晒情况、有无虫鼠等都会影响纸张的保存。
	影响纸的使用寿命的因素。				

（续表）

	思维进阶		开启问题	进行推断	总结／延展
思	探究活动3	7分钟	纸的"生命"只有一次吗？	1. 小组交流讨论：纸被人们使用后都到哪里去了？它们的寿命就此终结了吗？ 2. 从探究活动中找出可以回收再利用的纸品。	我们用过的纸有些可以进行加工再利用，有些则不能再利用了。所以有些纸品确实是一次性的，但有的纸品则会通过再生纸循环系统再次进入我们的生活。
	纸是一次性用品吗？				
	建立模型		探究一张纸的"寿命"需从纸的自身特征和它具备的功能两个方面推断，纸的变化会同时受到人文因素和自然因素的影响。		
辨	探究时长		引入辨点	探究活动	辨析总结
	7分钟		纸的"寿命"的长短是受环境影响更大，还是受自身特性影响更大？	教师引导学生思辨，学生以各自立场说明自己的观点和理由。	纸的"寿命"既受环境因素影响，也受自身特性限制，二者共同作用，影响着纸的"寿命"。
行	探究时长		探究活动		
	课下完成		向家人们推广你的"护纸小妙招"。		

第3课探究单

探究活动

观察下面的图片，说说哪些纸可以回收进行循环利用。

①卫生纸　　　②打印纸　　　③纸箱

第4课

实施年级	六年级	超学科概念	功能
核心问题	最早的纸币为什么诞生在宋代的四川？		
认知目标	了解纸币最早诞生在宋代四川的原因。		
能力目标	知道最早的纸币是什么样的，了解纸币能够取代其他货币的原因。		
素养目标	知道纸币的产生是社会发展的需要。		

探究进阶	探究时长	探究内容		
学	5分钟	教师展示不同版本的纸币，让学生说说自己见过哪一版，在哪里见过。		
问		最早的纸币为什么诞生在宋代的四川呢？		

	思维进阶		开启问题	进行推断	总结/延展
思	探究活动1	5分钟	世界上最早的纸币是什么样的？	观看视频《中国通史》，了解世界上最早的纸币。	世界上最早的纸币出现于一千多年前的宋朝，名为"交子"，主要流通于当时的益州一带（今四川地区）。最早的交子用楮纸制成，其上以套色印刷复杂图案和暗藏记号用以防伪，长约17.3厘米，宽约6.67厘米。
	了解世界上最早的纸币的样子。				
	探究活动2	10分钟	人们为什么用纸币代替其他货币？	1. 小组讨论：如果你是一个古代丝绸商人，外出做生意时，你会携带哪种货币？ 2. 分析比较纸币和金属货币、实物货币的优势和劣势。	与金属货币和实物货币相比，纸币具有便于携带、制作成本低廉、避免铸币在流通中的磨损等优点。但纸币相对而言容易破损，在不同地域流通时有可能遇到不便。
	探究纸币能够取代其他货币的原因。				

（续表）

	思维进阶		开启问题	进行推断	总结／延展
思	探究活动3	10分钟		1. 阅读探究活动二中的材料，说说世界上最早的纸币为什么会诞生于四川。 2. 小组交流：纸币的出现对经济发展产生了怎样的影响？	宋代纸币的出现受到当时的经济背景和科学技术发展的双重影响。纸币的出现使得其发行地区的区域性交易信任网得以建立，推动了区域经济发展，为近现代世界主权信用货币中纸币形态的发行和流通，提供了丰厚的思想资源。
	为什么说"纸币的产生是社会发展的需要"？		"交子"的出现有哪些重要意义？		
辨	探究时长		引入辨点	探究活动	辨析总结
	10分钟		纸币会被手机支付彻底替代吗？	教师引导学生思辨，学生以各自立场说明自己的观点和理由。	移动支付的普及并不能完全替代现金支付。尽管移动支付在很多方面都优于现金支付，比如方便快捷、无须携带等，但在某些特定的场合，现金支付更能保证交易的安全和私密性。
行	探究时长		探究活动		
	课下完成		请你按照自己的生肖，设计一张纪念币。		

第4课探究单

探究活动一

小组讨论：如果你是一个古代丝绸商人，外出做生意时，你会携带哪种货币出门？请说明你的理由。

探究活动二

材料：

关于“交子”在民间的产生，经历了单个交子铺到 16 户富商联合发行的过程。宋人李攸在《宋朝事实》卷 15《财用》中详细论述了“交子”的发行和流通原则，并指出，“交子”产生的直接动因是因当时四川作为北宋的铁钱专用区，流通的“铁钱”携带不便，人们为了便于携带和流通发明了纸币。除了这一直接原因，当时的经济和科学技术的发展也对“交子”的出现产生了推动作用。唐代中期以后，中国迎来经济发展的第二次高峰，伴随经济重心的南移，北方人民饮茶习惯的养成，益州一带的商品交易模式从秦汉以来的官营盐铁专卖向茶、绢、米日常用品的交易转换。新的交易模式对大额支付的需求提高，在此经济背景下，新的货币形态应运而生。此外，我国造纸术的不断改进和印刷术的进一步发展，也为纸币的产生提供了可能。

阅读上述材料，说说交子为何会产生于宋代的四川。

第5课

实施年级	六年级	超学科概念		原因
核心问题	造纸术为什么能成为中国古代四大发明之一？			
认知目标	了解纸在现代生活中的广泛应用。			
能力目标	了解造纸术对人类文明的贡献。			
素养目标	能够从造纸术中感受古代劳动人民的智慧。			
探究进阶	探究时长	探究内容		
学	5分钟	当你在学习或生活中遇到不懂的问题，你会选择哪些途径查阅资料？引出探究问题。		
问		造纸术为什么会成为中国古代四大发明之一？		

思	思维进阶		开启问题	进行推断	总结 / 延展
	探究活动1	5分钟	你在生活中的哪些地方见过纸？	1.结合生活经验，说说自己都见过哪些纸。 2.交流讨论，除了生活中常见的纸，还有哪些行业离不开纸。	各种类型的纸不仅给我们的生活和生产带来了便利，还被广泛应用于经济发展和文化传播。
	纸的用途有哪些？				
	探究活动2	5分钟	纸的发明对古代社会产生了怎样的影响？	从文化传承、经济发展、政治管理、艺术繁荣等方面分析纸的出现给古代社会带来的影响。	造纸术的发明为知识传播和文化传承提供了廉价便利的载体；推动了经济发展，使纸币的出现成为可能；为行政管理和历史记录提供了便利；促进了书画艺术的繁荣。
	纸的从无到有对古代中国产生了哪些影响？				

（续表）

	思维进阶		开启问题	进行推断	总结/延展
思	探究活动3	5分钟	中国的造纸术对人类文明有何推动作用？	1.了解造纸术传入欧洲和东亚各国的时间。2.阅读探究活动中的材料，说说中国的造纸术对世界文明产生了怎样的推动作用。	造纸术推动了德国印刷术的发明，促进了宗教改革和文艺复兴运动，为16世纪后的欧洲现代出版业发展奠定了基础。因此，造纸术是当之无愧的中国古代四大发明之一。
	中国的造纸术对世界产生了怎样的影响？				
	建立模型		造纸术因其对中国及世界文明具有重大影响，而成为中国古代的四大发明之一。		
辨	探究时长		引入辨点	探究活动	辨析总结
	10分钟		除了造纸术，还有哪些古代发明凝结着劳动人民的智慧？	1.说说你知道的古代发明。2.了解这些发明的历史背景，说说你从中感受到的古人智慧。	在历史发展的长河中，中国古代劳动人民以勤劳为舟、以智慧为桨，创造出了一件件凝结着劳动汗水的伟大发明。
行	探究时长		探究活动		
	5分钟		如果让你选出"中国古代第五大发明"，你认为是什么？说说你的理由。		

第5课探究单

探究活动

材料：

造纸术对欧洲及世界文明的影响，大致有三方面：其一，只有使用纸张之后，才有可能发明印刷术。中国造纸术于14世纪传入德国，15世纪，德国人古登堡就发明印刷术。其二，欧洲古人原先使用的小羊皮书，装帧华丽，但过于昂贵。据说，抄一部《圣经》要用 300 张小羊皮，连一般贵族也望而生畏。而中国造纸术与古登堡印刷术结合产生的纸书，凭借其经济方便的独特优势，迅速为路德宗教改革与欧洲文艺复兴两大运动提供强有力的传播工具，也为两大运动获得胜利创造不可或缺的有利条件。其三，中国造纸术与古登堡印刷术相结合，为 16 世纪以后欧洲现代出版业的形成与发展提供坚实基础，从而影响世界文明的发展进程。

——中国著名编辑学家　刘裕光

　　阅读上述材料，说说中国的造纸术对世界文明产生了怎样的推动作用。

第6课

实施年级	六年级	超学科概念	联结
核心问题	宣纸对中国书画的发展产生了怎样的影响？		
认知目标	了解纸是中国"文房四宝"之一。		
能力目标	了解宣纸能成为中国书画重要载体的原因。		
素养目标	体会载体材料的进步对艺术的反向推动作用。		
探究进阶	探究时长	探究内容	
学	3分钟	图片呈现古人书房图片，请学生说一说都看到了什么。	
问	纸对中国书画的发展产生了怎样的影响？		

思		思维进阶	开启问题	进行推断	总结／延展
	探究活动1	6分钟			中国古代书画受文化环境的影响和历史条件的限制，曾出现过多种不同的载体。古代书法作品曾以甲骨、青铜器、帛、竹简、宣纸等材料为载体；古代绘画作品曾以丝绢、岩壁、扇面、瓷器等为载体。从呈现效果分析，宣纸能较好地呈现书画作品的笔触和色彩变化。
	中国古代书画载体都有哪些？		你在哪些地方见过中国古代书画作品？	1.小组交流：你在哪些地方见过中国古代书画作品？2.比较分析哪种载体对中国古代书画的呈现效果最好。	
	探究活动2	10分钟			按宣纸的加工方法来分的话，宣纸的种类有三：生宣，熟宣，半熟宣。宣纸具有韧而能润、光而不滑、洁白稠密、纹理纯净、搓折无损、润墨性强等特性。
	宣纸好在哪？		宣纸为什么是书画家最常用的创作用纸？	1.了解宣纸的种类。2.宣纸具有怎样的特性？	

（续表）

	思维进阶		开启问题	进行推断	总结 / 延展
思	探究活动3	10分钟	宣纸对中国书画的发展有何推动作用？	1.试着用毛笔蘸取墨汁在宣纸上绘画，感受宣纸的晕染效果。2.欣赏古代名家的书画作品，跨越时空体会艺术之美。	纸的出现，促进了书画艺术的广泛推广和普及，使这一艺术形式更易传播和保存。宣纸的不同质地、纹理和吸墨性也反作用于书画家的创作，为其提供了更多灵感。随着宣纸制作技术的不断进步，其显色性和质感都不断提升，使书画艺术有了更好的呈现效果。
	建立模型		材料是艺术表现的载体，材料的不断进步反向推动着艺术的发展。		
辨	探究时长		引入辨点	探究活动	辨析总结
	5分钟		决定书画作品价值的是作品本身还是书画家的艺术地位？	教师引导学生思辨，学生以各自立场说明自己的观点和理由。	著名艺术家可能会创作出不尽如人意的艺术作品，平凡的书画爱好者也可能会创作出异常精彩的艺术作品，艺术的迷人之处就在于它的不确定性，任何人都有创作艺术的权利，也都有成为艺术家的可能。
行	探究时长		探究活动		
	10分钟		选取你喜欢的材料作为载体，用毛笔和墨汁创作一幅属于你的中国书画作品。		

第 7 课

实施年级	六年级	超学科概念		观点	
核心问题	为什么敬惜字纸是中国古人崇尚的美德？				
认知目标	知道敬惜字纸对中国文化的影响。				
能力目标	探究敬惜字纸与中国人崇尚文化的关联。				
素养目标	体会中华民族敬惜字纸的文化传承。				
探究进阶	探究时长	探究内容			
学	4分钟	1. 出示生活中同学们乱扔有字迹的废纸、随意践踏废纸的图片，学生评价图中的行为，引出"敬惜字纸"这个词语。 2. 请同学们说一说对这个词语的理解，教师小结。			
问	为什么敬惜字纸是中国古人崇尚的美德？				
思		思维进阶	开启问题	进行推断	总结/延展
	探究活动1　8分钟 古代人为什么要敬惜字纸？		什么是敬惜字纸？	1. 查阅资料，了解"敬惜字纸"的意思。 2. 观看视频《费孝通与祖母的故事》，体会人们对字纸的恭敬之心，思考古人敬惜字纸的原因。	古代社会重儒轻贾，受此思想的影响，人们对文字十分重视，故而产生了敬惜字纸这种传统美德。
	探究活动2　6分钟 不同时期的人们都有哪些敬惜字纸的方式？		人们是怎样敬惜字纸的？	1. 现代社会还有敬惜字纸这一传统美德吗？ 2. 从探究活动中找出不同时期的人们敬惜字纸的方式有哪些。	现代人们敬惜字纸的方式虽然与古时有所不同，但是敬惜字纸这一传统美德一直都存在。

（续表）

	思维进阶	开启问题	进行推断	总结/延展
思	探究活动3　8分钟	如今我们可以采取哪些方式敬惜字纸？	小组交流：你可以通过哪些方式敬惜字纸？	在生活中我们如果有条件，也要好好保存字纸，如果没有储存空间，可以将旧图书捐赠给图书馆或者山村小学，其他有字的笔记或资料可以送到资源回收站进行回收。
	在现代社会，人们可以通过哪些方式敬惜字纸？			
	建立模型	敬惜字纸是一种重要的中华传统美德，体现了人们对知识的尊重。		
	探究时长	引入辨点	探究活动	辨析总结
辨	6分钟	怎样将敬惜字纸这种美德更好地延续和发扬下去？	学生讨论交流，教师适当引导：在当今社会，我们应该如何延续和发扬这种传统美德？	字和纸为世间至宝。敬惜字纸体现着人们对文字的敬畏，对文化的尊重。作为新时代的少年，我们要了解传统文化，从自身做起，珍视文字，传承文化。
行	探究时长	探究活动		
	8分钟	请你再搜集一两个关于敬惜字纸的小故事。		

第7课探究单

探究活动

请你从下列内容中选择合适的选项填入括号中。

（1）古代人们敬惜字纸的方式有哪些？（　　　　　　　　）

（2）现代人们敬惜字纸的方式有哪些？（　　　　　　　　）

A. 圣贤智慧典籍字纸如四书五经等不能损害、污损，要保存好。

B. 现在人们鞋底上不带字，因为踩在脚下不恭敬。

C. 明清晚期，对文字内容很敬重。

D. 古人敬重抄写的典籍、正能量的书籍字纸。

E.《燕京旧俗志》记载："污践字纸，即系污蔑孔圣，罪恶极重。"

F. 带字的物品不能坐、躺，如坐报纸、广告纸。

G. 宋朝时期，纸张不得秽用或他用。

H. 废纸回收，循环利用。

第 8 课

实施年级	六年级	超学科概念		表现	
核心问题	剪纸表达了人们怎样的希冀？				
认知目标	了解剪纸的表现手法、象征意义。				
能力目标	学会欣赏剪纸，能够进行简单的剪纸创作。				
素养目标	感受剪纸艺术中凝结的中式审美。				
探究进阶	探究时长		探究内容		
学	5分钟		说一说你了解的剪纸知识。		
问	剪纸表达了人们怎样的希冀？				

思	思维进阶		开启问题	进行推断	总结/延展
	探究活动1	8分钟	最早的中国剪纸是什么样的？	1.教师出示北朝对马团花剪纸残片，学生推测剪纸主题。教师出示剪纸复原图。2.观看视频《剪纸的产生及历史》，了解剪纸相关知识。	南北朝时期的《木兰诗》中有"对镜帖花黄"的诗句，说明至少在南北朝时期，剪纸艺术就已经在民间普遍流行了。在新疆吐鲁番火焰山附近出土的北朝时期（386—581年）五幅团花剪纸是我国现存最早的剪纸作品实物。
	中国剪纸是什么时候产生的？				
	探究活动2	10分钟	你见过哪些剪纸图样？	1.学生交流自己见过的剪纸图样。2.教师出示不同主题的剪纸作品，引导学生发现不同主题的剪纸作品的不同呈现形式。	中国剪纸的主题多种多样，如唐代的宗教主题、宋代的瓷器装饰纹样、明清的家居装饰图案、近现代的现实主义题材等。
	中国剪纸都有哪些题材？				

（续表）

思维进阶		开启问题	进行推断	总结/延展
思	探究活动3 / 12分钟	从不同的剪纸作品中能感受到作者怎样的情感？	1.欣赏剪纸作品《鹿鹤同春》《龙凤呈祥》《五谷丰登》。2.学生交流讨论，从这些剪纸作品中能体会到作者怎样的情感。	中国剪纸大多以具有吉祥寓意的意象为主，表达了人们对美满幸福生活的渴求。人们把对丰衣足食、人丁兴旺、健康长寿的朴素愿望，以剪纸这一艺术形式表达出来。
	不同主题剪纸图样表达了人们怎样的希冀？			
	建立模型	中国劳动人民将自己对美好生活的希冀和渴望通过剪纸这一艺术形式表达出来。		

	探究时长	引入辨点	探究活动	辨析总结
辨	5分钟	随着科技的发展，许多手工剪纸已经可以通过机器实现了，那我们还需要手工剪纸吗？	1.欣赏机器剪纸图样。2.学生根据自己的立场，说明自己的观点和理由。	传统的手工作品包含的情感的温度和文化传承是机器没办法取代的。我们要保护和发扬剪纸艺术，让我国的传统民间艺术不断发扬光大。

	探究时长	探究活动	
行	课下完成	请同学们自己尝试创作一幅剪纸作品，使用剪刀或刻刀时要注意安全。	

第8课探究单

探究活动一

下图是北朝对马团花剪纸残片，请你根据这块残片推测一下这幅剪纸作品的主题是什么。

探究活动二

欣赏剪纸作品《鹿鹤同春》《龙凤呈祥》《五谷丰登》，说说从这些剪纸作品中能体会到作者怎样的情感。

《鹿鹤同春》

《龙凤呈祥》

《五谷丰登》

第9课

实施年级	六年级	超学科概念		关系
核心问题	数字互联网时代，实体纸张会怎样发展？			
认知目标	回顾纸的发展及其形态变化。			
能力目标	知道实体纸张在未来仍将具有不可替代的地位。			
素养目标	实体纸张的价值不仅在于其作为载体的功用价值，它的实体性、稳定性、艺术性也都是其价值的重要组成部分。			

探究进阶	探究时长	探究内容		
学	5分钟	结合前面所学，请你回顾一下：纸张的形态发生了哪些变化？		
问	数字互联网时代，实体纸张会怎样发展？			

	思维进阶		开启问题	进行推断	总结/延展
思	探究活动1	3分钟	随着时代的发展，纸的形态发生了哪些变化？	欣赏纸的形态演变漫画，了解不同发展阶段的纸张所用的原材料和纸张形态。	纸随着时代的发展，先后经历了不同的形态变化。
	实体纸张经历了哪些形态变化阶段？				
	探究活动2	8分钟	为什么纸张的形态和原材料会不断变化？	阅读探究活动一中的材料，讨论纸张形态、制作原材料变化的原因。	纸的发展变化是多种因素相互作用的结果，这些因素包括人类需求、科技进步、文化交流和政府支持。
	实体纸张的形态变化与哪些因素有关？				

（续表）

	思维进阶	开启问题	进行推断	总结 / 延展
思	探究活动3　8分钟			数字时代的到来给实体纸张带来了巨大挑战，部分实体纸张的功能被电子产品替代，但纸作为一种实体的文字、图画载体，不依赖于电力保存，具有一定的稳定性；在书画艺术的呈现上具有独特的艺术性和随机性；在实际应用中还具有可触摸、可收藏的实感价值。所以，实体纸张的部分功能虽然会被电子产品替代，但是实体纸张在数字时代依然有其独特的存在价值。
	数字时代的实体纸张会被电子产品淘汰吗？	数字时代的实体纸张会被电子产品替代吗？	1.思考一下，有哪些实体纸张被电子产品替代了，完成探究活动二。 2.交流讨论：电子产品能否完全替代实体纸张？	
	建立模型	在数字时代，实体纸张仍具有其不可替代性。		
辨	探究时长	引入辨点	探究活动	辨析总结
	5分钟	未来的实体纸张会是什么样的？	教师引导学生思辨，学生以各自观点表明自己的立场。	随着科技进步，未来的实体纸张肯定会向着更加环保、更易储存、更加互联、更加便携等方向发展。
行	探究时长	探究活动		
	7分钟	请你发挥自己的想象，设计一款独特的未来纸张吧。		

第9课探究单

探究活动一

材料：

纸的发展变化是由多种因素共同促进的。首先，人类对书写和记录信息的需求不断增加，这促使人们不断寻求更便捷、更耐用的材料来替代传统的竹简、木牍等。其次，科技的进步也为纸的发展提供了支持。例如，纸张的制作工艺得到了改进，使得纸张的质量更加优良，同时也降低了生产成本。此外，文化的交流和传播也对纸的发展产生了重要影响。随着丝绸之路的开通和海上贸易的发展，纸张逐渐传入其他地区，并在那里得到广泛应用和发展。最后，政府的支持也是纸的发展的重要因素之一。在中国历史上，许多朝代都非常重视纸张的生产和使用，并采取了一系列措施来促进纸张产业的发展。综上所述，纸的发展变化是多种因素相互作用的结果，这些因素包括人类需求、科技进步、文化交流和政府支持等。

读完上述材料，你认为纸张的发展变化与哪些因素有关？

探究活动二

在如今的日常生活中，下列这些以实体纸张为载体的事物出现了哪些数字形式的替代品？

书信——

图书——

发票——

笔记——

处方——

（"中国纸"课程编写人员：余秀琴、王艳霞、张小丽、李国霞、李贺、部先宝、白芳、张静、马玉萍、王莹莹、马飞、张欣、张金娥）

"渠"问思辨教学设计

第1课

实施年级	五、六年级	超学科概念	定义
核心问题	渠是什么样的?		
认知目标	了解渠的总体特征,知道渠和沟、道的具体区别。		
能力目标	通过学习渠的特征,了解渠的真正属性。		
素养目标	感受劳动人民筑堤开渠的智慧,生发对家乡风物的敬畏之情。		

探究进阶	探究时长	探究内容
学	5分钟	1.了解汉字"渠"的演变过程,从字面意思理解"渠"的含义。 2.观看渠的图片,初步认知渠的样子。
问	渠是什么样的?	

思	思维进阶		开启问题	进行推断	总结/延展
	探究活动1	8分钟	渠都修建在地上吗?	1.讨论交流:你知道的渠是什么样子? 2.观看唐徕渠和北碚乡人工水渠的视频,认识渠的样子。	大部分渠都修建在地表,但因不同地区的自然环境不同,所以有些地区的水渠会修建在地下,即暗渠;有些地区的水渠则会修建在空中,如北碚乡的人工水渠。
	渠都出现在哪些地方?				

（续表）

	思维进阶		开启问题	进行推断	总结 / 延展
思	探究活动2	10分钟	渠的"近亲"有哪些？	1. 教师出示渠、沟、溪的图片，学生观察三者的异同。 2. 分析总结渠、沟、溪的异同，完成探究活动。	渠是指人工开凿或修建的水道；沟是指自然中刷出的水系地貌或人工挖掘的水道或工事；溪是指自然形成的小河沟，一般常见于山区。
	探究渠、沟、溪的区别。				
	探究活动3	8分钟	渠对人类的生产生活有哪些作用？	1. 学生交流讨论：你认为渠都有哪些作用？ 2. 观看渠的作用的相关视频，了解渠对人类生产生活的作用。	渠的作用主要有以下几点：灌溉农田、保护农作物，引水供应城市、工业和生活用水，排水防涝，工业排水等。
	渠的作用有哪些？				
	建立模型		渠是一种常见的水利设施，对人类的生产生活具有重要作用。		
	探究时长		引入辨点	探究活动	辨析总结
辨	9分钟		名称里有"渠"的事物都和水有关吗？	1. 小组交流：你知道哪些名称里带"渠"字的事物？ 2. 教师引导学生思辨，学生以各自立场说明自己的观点和理由。	名称里有"渠"字的事物不一定和水有关，如《山海经》中的动物"犀渠"等。
	探究时长		探究活动		
行	课下完成		请你亲自到田间地头观察水渠的样子，试着把它们画下来。		

第1课探究单

探究活动

请你观察图片，借助下面的表格分析渠、沟、溪的异同。

	渠	沟	溪
形成方式			
流量大小			
主要功用			

第2课

实施年级	五、六年级	超学科概念	形式
核心问题	宁夏十大古渠都在哪?		
认知目标	了解宁夏十大古渠的特点及分布状况。		
能力目标	能够通过观察、发现、交流等方式,探究古渠的历史。		
素养目标	激发学生对古今水利人的敬佩之情。		

探究进阶	探究时长	探究内容		
学	5分钟	学生交流:我们身边的古渠都有哪些? 观看世界各地的渠的视频资料,探究:宁夏的十大古渠都是哪些,分布在哪里?		
问	宁夏十大古渠都在哪?			

思	思维进阶		开启问题	进行推断	总结/延展
	探究活动1	8分钟	宁夏的十大古渠有哪些,分布在哪里?	1. 浏览宁夏古渠图片,初步了解宁夏的十大古渠都有哪些。 2. 小组合作搜集有关宁夏十大古渠的资料。	宁夏的十大古渠包括:秦渠、汉渠、唐徕渠、惠农渠、大清渠、汉延渠、美利渠、羚羊渠、七星渠、泰民渠。 宁夏古渠集中分布在宁夏北部的黄河流域。
	探究宁夏十大古渠的分布。				

（续表）

	思维进阶		开启问题	进行推断	总结／延展
思	探究活动2	16分钟	探究古渠的由来。	1.观看视频《黄河宁夏微故事》，初步了解宁夏古渠的名字命名方式。 2.分组阅读文字资料《宁夏14条古渠的前世今生》，小组合作完成探究活动，深入了解宁夏古渠的历史与发展。 3.分组阅读文字资料《宁夏古灌区为什么是一部流淌的历史》，思考其中原因。	宁夏的古渠是根据开凿朝代、所在位置、渠道属性等而得名的。这一条条古渠见证着"塞上江南"的历史与发展，铸就了宁夏引黄古灌区的农耕文明。
	为什么说"宁夏古灌区是一部流淌的历史"？				
	建立模型		分布于宁夏北部的十大古渠凝结着古代劳动人民的智慧，见证着引黄灌区的繁荣与发展。		
辨	探究时长		引入辨点	探究活动	辨析总结
	5分钟		随着现代农业的发展，古渠的生命依然鲜活吗？	教师引导学生思辨，学生以各自立场说明自己的观点和理由。	古渠在历史上曾为宁夏的农耕文明做出过重要贡献，现代农业的发展在一定程度上削弱了古渠对农耕的重要性，但在一代代宁夏人的疏浚、整修下，许多古渠至今仍在潺潺流淌，滋润着这片美丽的土地。
行	探究时长		探究活动		
	6分钟		为家乡的古渠代言：请你化身为一名小导游，为大家介绍一下家乡的古渠。		

第2课探究单

探究活动

阅读《宁夏 14 条古渠的前世今生》，从中任选一条古渠，完成下面的表格。

名称	所在区域	形成时间	长度	现存状况	与黄河的关系

第3课

实施年级	五、六年级	超学科概念	变化
核心问题	从古至今，水利工程经历了怎样的发展历程？			
认知目标	了解水利工程的发展历程。			
能力目标	能够通过分析水利工程发展的因素，了解水利发展的历程和趋势。			
素养目标	能够自主分析不同影响因素对事物发展产生的作用。			

探究进阶	探究时长	探究内容		
学	6分钟	阅读罗南山的《田家》，说说诗中的农人是怎样浇灌桑树的。		
问		渠和水利枢纽之间有着怎样的关系？		

思	思维进阶		开启问题	进行推断	总结/延展
	探究活动1	10分钟	古人为了灌溉农田建设了哪些水利工程？	1. 学生自主交流自己知道的古代水利工程。 2. 出示古代农人劳作的图片，从中找出人们用于灌溉的水利工程。	在生产力发展较为落后的古代，人们通过开挖水库、修建水渠、深掘水井等方式进行农业灌溉。
		古代有哪些用于农业生产的水利工程？			
	探究活动2	10分钟	从古至今，水利工程经历哪些发展？	1. 观看水利工程发展的纪录片，说说纪录片中都提到了哪些典型的水利工程。 2. 现代水利工程和传统水利工程相比，有哪些发展和变化？	古代人们受生产力水平的限制，多采用开挖沟洫、挖掘运河、兴修水渠、修建堤坝、建设海堤等方式进行农业灌溉、防洪防涝，维护水利安全。如今除了上述这些相对传统的水利工程，在科技不断发展的背景下，人们建设了排灌站、水力发电站等大型水利工程。相较于传统的水利工程，这些现代水利工程的规模、储排水量、功能都更大更强。
		如今的水利工程和古代的水利工程有哪些不同？			

（续表）

思维进阶		开启问题	进行推断	总结／延展
思	探究活动3 / 10分钟			水利工程的建设受不同历史时期的科学技术水平、环保观念、农业发展需要、自然地理状况等因素的影响。在古代农耕社会，渠道、水库等基础的水利工程就能基本满足大多数农田的灌溉需求。如今，人们发明并建设了功能更多、规模更大的水利工程，在保护自然和利用自然中寻求水利资源的可持续发展。
	水利工程的发展受哪些因素的影响？	是什么造就了现代水利？	1.从古至今，人们的环保观念发生了哪些变化？ 2.观看视频《青铜峡篇 筑坝记》，说说促进现代水利发展的直接原因有哪些。	
	建立模型	水利工程的发展受到多种因素的影响，我们可以通过分析这些影响因素，了解水利工程发展的历程。		
辨	探究时长	引入辨点	探究活动	辨析总结
	8分钟	在科学技术不断发展的今天，水渠还有它的存在价值吗？	教师引导学生思辨，学生以各自立场说明自己的观点和理由。	在我国，水渠灌溉、排水的发展历史悠久，水网结构成熟，即便在现代农业背景下机械化灌溉不断发展的今天，传统的水渠灌溉和排水，依然有它重要的价值和意义。
行	探究时长	探究活动		
	6分钟	利用假期与家人一起游览一两处大型水利工程，感受科技力量与自然力量的碰撞。		

第4课

实施年级	五、六年级	超学科概念			功能

核心问题	现代水渠有哪些重要作用？

认知目标	了解渠在水利安全和环境保护方面的作用。

能力目标	能够明晰渠在现代的主要功能。

素养目标	了解渠对生产生活的重要作用。

探究进阶	探究时长	探究内容
学	5分钟	阅读《大禹治水》的故事，引入探究问题。
问		渠在水利安全方面有何重要作用？

		思维进阶		开启问题	进行推断	总结/延展
思	探究活动1	10分钟	渠在保护水利安全方面有哪些作用？	渠在保护水利安全方面有何重要意义？	观看视频《保护水渠，筑起安全屏障》，了解渠在水利安全方面的作用。	渠除了农业灌溉、工业用水作用外，还具有排水防涝的重要作用，做好渠道防渗、疏通、维护工作，对保障水利安全具有重要意义。
	探究活动2	15分钟	渠对于环境保护有何重要作用？	如今的渠对自然环境有何重要意义？	交流讨论：如今，渠的功用有何变化？渠对环境保护有何重要意义？	如今，渠的功用也发生了很大的变化，成为集农业灌溉、生态补水、景观休闲于一体的自然生态生命线、环保线、旅游线。
	建立模型		渠是城乡建设和农业生产中不可或缺的重要水利设施。它能够预防水浸灾害和农田涝灾害的发生，减轻城市排水压力，保护生态环境，对人们的生产生活有着至关重要的作用。			

（续表）

	探究时长	引入辨点	探究活动	辨析总结
辨	10分钟	人们应该怎样保护水渠？	学生自由讨论保护水渠的方法，通过学习水渠的多种作用，体会保护水渠的重要性。	保护水渠的方法有很多，如设置水渠护栏网、定期疏浚维护、设置渠道分段负责人、建设水质监管站等。在日常生活中，我们也要爱护水渠，不向水渠内倾倒污染物，不踩踏水利设施等。
行	探究时长	探究活动		
	课下完成	做一位水渠保护小卫士，向你身边的人介绍水渠的重要作用，号召更多的人共同保护家乡的水渠。		

第 5 课

实施年级	五、六年级	超学科概念		原因	
核心问题	为什么说"塞上江南"靠"百渠"？				
认知目标	理解"百渠"对宁夏平原的重要性。				
能力目标	知道"百渠"是如何流润宁夏的。				
素养目标	感受"百渠"的重要意义，提升环境保护意识。				
探究进阶	探究时长		探究内容		
学	5分钟		观看视频《塞上江南·神奇宁夏》，欣赏"塞上江南"的美景，思考：宁夏"塞上江南"的美誉因何而来？		
问	为什么说"塞上江南"靠"百渠"？				
思		思维进阶	开启问题	进行推断	总结/延展
	探究活动1	5分钟		1.观看视频《千年灌渠》，思考"百渠"对宁夏平原的重要性。 2.小组讨论"百渠"对宁夏平原的古今发展带来了怎样的影响。	"百渠"是古人为了开发和灌溉宁夏平原需要，而修浚的一条条沟渠的总称，因数量众多，故冠以"百渠"之称。大大小小的渠道跨越千年历史，将黄河水引入宁夏大地，滋润了这片丰饶土地，成就了美丽的塞上鱼米乡。
	"百渠"对宁夏的重要性体现在哪些方面？		"百渠"对宁夏的古今发展带来了怎样的影响？		
	探究活动2	5分钟	宁夏引黄古灌区为何能入选世界灌溉工程遗产名录？	观看视频《宁夏引黄古灌区——世界灌溉工程遗产》，小组合作探究宁夏引黄古灌区被列入世界灌溉工程遗产名录的原因。	宁夏引黄古灌区是宁夏平原2200多年来农业发展的里程碑，具有独特的、创新的、科学的引水工程结构，因此被列入世界灌溉工程遗产名录。
	探究宁夏引黄古灌区被列入世界灌溉工程遗产名录的原因。				
	建立模型		被"百渠"流润的宁夏引黄灌区从古至今被黄河之水绵延滋润，铸就了今天"塞上江南"的美誉。		

（续表）

	探究时长	引入辨点	探究活动	辨析总结
辨	5分钟	如今的"百渠"还有没有用武之地？	1. 观看喷灌视频，运用所学知识，辨析："百渠"在今天还有没有用武之地？ 2. 学生根据自己的立场，说明自己的观点和理由。	"无渠难饮水""无水不成渠"，这足以说明"百渠"在农业的重要战略地位，即便在现代农业发展的今天，宁夏"百渠"仍在默默滋润着这片丰饶的土地。
行	探究时长	探究活动		
	课下完成	与同学一起寻找身边古渠，寻觅它们跨越时空默默润泽大地的岁月痕迹。		

第6课

实施年级	五、六年级	超学科概念	联结		
核心问题	如何让平罗县城关七小校园里的渠"活"起来？				
认知目标	了解城关七小校园里的渠的作用。				
能力目标	通过探究活动，体会校园里的渠的历史和社会价值。				
素养目标	认识到渠文化对城关七小的深远影响，培养学生对学校文化的认同感。				
探究进阶	探究时长		探究内容		
学	5分钟		观看校长课堂视频《七小文化长廊——渠》，了解城关七小校园里渠的实际功用。		
问	如何让七小校园里的渠"活"起来？				
思		思维进阶	开启问题	进行推断	总结/延展
	探究活动1	10分钟	穿校而过的水渠有哪些作用？	1.学生结合前面所学，说出自己了解的水渠的作用。2.小组交流讨论：校园里的水渠还有哪些独特的作用？	城关七小中的渠是唐徕渠的重要分支，其主要功用是进行农业灌溉。除了基本的水利功能外，穿校而过的渠，还见证着校园的发展和师生的成长，承载着独具特色的校园文化。
	人们在校园中修建水渠有哪些目的？				
	探究活动2	15分钟	怎样让城关七小中的渠更富生机？	1.小组交流、讨论：你和校园中的水渠之间发生过哪些故事？2.请学生试着当一当小导游，向身边的家人、朋友介绍自己校园中的水渠。3.通过语音、视频等方式制作宣传校园渠文化的音视频宣传素材。	通过回顾自己与校园水渠之间发生的故事，唤起学生对渠文化的认同感，再将这种认同感，通过小导游的导览和音视频宣传素材转化为可看、可听、可交流的文化实践。
	怎样才能让校园里的渠"活"起来？				

（续表）

思	建立模型	城关七小的水渠，发挥着水利功用，见证着校园历史，承载着校园文化。		
辨	探究时长	引入辨点	探究活动	辨析总结
	5分钟	对如今的"七小人"而言，校园中的渠的文化意义更重要还是实际功用更重要？	教师引导学生思辨，学生以各自立场说明自己的观点和理由。	城关七小的渠，既是水利设施，又是文化载体，它以自身重要的水利功用和深厚的文化内涵陪伴着一代又一代的城关七小师生成长。
行	探究时长	探究活动		
	5分钟	你还知道哪些承载着独特文化的地方特色事物？		

第7课

实施年级	五、六年级	超学科概念		观点
核心问题	中国有哪些"第一渠"?			
认知目标	知道中国有哪些"第一渠"。			
能力目标	能通过探究，知道它们被称为"第一渠"的原因。			
素养目标	感受劳动人民的智慧，培养甄选、总结的能力，激发民族自豪感。			
探究进阶	探究时长	探究内容		
学	5分钟	通过平罗县穿城而过的"第一渠"——唐徕渠引出问题。		
问	中国有哪些"第一渠"?			

		思维进阶	开启问题	进行推断	总结/延展
思	探究活动1 / 5分钟 了解中国有哪些"第一渠"。		中国有哪些"第一渠"?这些渠为什么被称为"第一渠"?	1. 四人一小组交流搜集到的资料，讨论确定本组要汇报的"第一渠"，完成探究活动一。 2. 每组推选一名记录员，认真记录小组讨论结果。 3. 小组推选一名发言人汇报交流结果，组内其他人员可补充。	中国第一渠：红旗渠。 新中国引黄灌溉第一渠：人民胜利渠。 华夏第一渠：白起渠。 天下第一渠：郑国渠。 它们之所以在民间被称为"第一渠"，是因为它们在某些方面突出于其他渠，如建造时间长、影响大等。
	探究活动2 / 10分钟 探究中国还有哪些"第一"。		中国还有哪些"第一"?它们为什么被称为"第一"?	完成探究活动二并汇报。	它们因为在某些领域或方面特别突出，所以被称为"第一"。
	建立模型		"第一"是相对的，不是绝对的。		

（续表）

	探究时长	引入辨点	探究活动	辨析总结
辨	10分钟	我们怎样才能成为"第一"？	学生针对这句话提出自己的观点并说明理由。	被称为"第一"的人、物，一定有其贡献、作用、好的影响。贡献大、作用大、有正能量且影响范围广，才能称为"第一"。
行	探究时长	探究活动		
	10分钟	跟父母、朋友说一说你找到的"第一"。		

第7课探究单

探究活动一

小组合作完成表格。

名称	被称为"第一渠"的原因					
	建造时间	长度、宽度	灌溉面积	影响	其他原因	结论

探究活动二

小组合作完成表格。

被称为"第一"的事物	被称为"第一"的原因

第8课

实施年级	五、六年级	超学科概念	表现
核心问题	电影《红旗渠》体现了怎样的精神？		
认知目标	了解红旗渠精神的内涵。		
能力目标	能找到身边的红旗渠精神。		
素养目标	培养团结协作的意识，发扬无私奉献的精神。		

探究进阶	探究时长	探究内容
学	5分钟	欣赏《红旗渠》影视片段，交流观影感受，了解红旗渠是党和人民刻在太行山上的一座丰碑，引出问题。
问	电影《红旗渠》体现了怎样的精神？	

	思维进阶		开启问题	进行推断	总结/延展
思	探究活动1	5分钟	红旗渠为什么被誉为"世界第八大奇迹"？	观看视频，讨论红旗渠为什么被誉为"世界第八大奇迹"。	在地理环境和自然环境恶劣、物资严重缺乏、技术人员严重短缺的情况下，林县人民依然完成了这项伟大工程，所以红旗渠被誉为"世界第八大奇迹"。
	探究红旗渠背后的精神。				
	探究活动2	5分钟	红旗渠精神还可以体现在哪些方面？	查找资料，了解能体现红旗渠精神的人或事。	坚持自力更生、艰苦创业、团结协作、无私奉献的人或事都可以彰显红旗渠精神。
	探究红旗渠精神的影响。				
	建立模型		红旗渠精神蕴含着与时俱进的精神内涵，是中华民族的财富，是社会主义核心价值观的应有之义和重要内容。		

（续表）

	探究时长	引入辨点	探究活动	辨析总结
辨	5分钟	红旗渠精神只存在于当时吗？	1.和同学交流、讨论：红旗渠精神只存在于当时吗？ 2.请学生分享自己的观点，并说明理由。	红旗渠精神虽然诞生于20世纪，但它具有超越时空的恒久价值和旺盛生命力，体现了当代中国人民的理想信念和追求，以及社会主义核心价值观。

	探究时长	探究活动		
行	10分钟	到生活中去寻找红旗渠精神，践行红旗渠精神，画出你心目中的红旗渠英雄。		

第9课

实施年级	五、六年级	超学科概念		关系
核心问题	为什么逐水而居是人类生存与发展的自然法则？			
认知目标	通过探究，明白人类的发展与水密不可分。			
能力目标	能挖掘出水在人文、区域等方面的重要性。			
素养目标	发现、感受水是人类发展的命脉，提高学生珍惜水资源的意识。			
探究进阶	探究时长	探究内容		
学	4分钟	欣赏四大文明古国水流域的相关视频介绍，引出探究问题。		
问	为什么逐水而居是人类生存与发展的自然法则？			

思	思维进阶		开启问题	进行推断	总结/延展
	探究活动1	5分钟	为何逐水而居成为人居共识？	1.逐水而居透露出人们怎样的心理呢？ 2.探寻人类喜欢逐水而居的原因。	水是生命得以延续，农业、经济等得以发展的必要条件；是维持生态平衡的重要条件；而且有水的地方更适宜人类居住。水还是美好的化身，在传统观念里，水被赋予了很多美好的寓意。
	探究人类喜欢逐水而居的原因。				
	探究活动2	10分钟	水给人类带来了什么？	1.人们逐水而居是因为"上善若水，水利万物而不争"吗？ 2.人怎样巧妙地利用水？	人们利用水来发电，养殖水生动植物，在水面上通航等。
	探究人类怎样巧妙地利用了水。				
	建立模型		水与人类的发展息息相关。		

（续表）

	探究时长	引入辨点	探究活动	辨析总结
辨	10分钟	逐水而居是人类最好的选择吗？	以小组为单位分享自己的观点。	水是生命的源泉，是人类文明的摇篮。从古代的农耕社会，到当下的现代文明，逐水而居的理念基本贯穿了中华文明族群的繁衍与发展历程。但是随着经济社会和科学技术的不断发展，以及土地资源的限制，如今，城市建设也可以"平土而居"。

	探究时长	探究活动
行	10分钟	1.观察、记录家中一天的用水量，试着提出节水构想并付诸行动。 2.设计"水居建筑"。

（"渠"课程编写人员：班玉军、郭晓燕、苏瑜、张海霞、缪星、王亚楠、金红、韩丽、马丽琴、马琴、胡娇）

"沙枣树"问思辨教学设计

第1课

实施年级	四年级	超学科概念		定义
核心问题	怎样认出一棵沙枣树?			
认知目标	知道沙枣树的基本特征。			
能力目标	通过实践研学,知道沙枣树的别名与特征的内在联系。			
素养目标	学会根据事物特点判断事物属性,激发探究新事物的兴趣。			
探究进阶	探究时长		探究内容	
学	5分钟		学生通过图片辨认各种枣,了解什么是沙枣,引入课题,探究沙枣树的形态特征,并小组交流。	
问	怎样认出一棵沙枣树?			
思	思维进阶	开启问题	进行推断	总结 / 延展
	探究活动1　5分钟　了解沙枣树的特性。	沙枣树的家在哪里?	1. 播放关于沙枣树的视频,了解沙枣树的特性。 2. 沙枣树只有宁夏有吗?你还在哪里见过沙枣树,或者你猜想哪里还会有沙枣树呢? 3. 沙枣树在中国主要分布在西北各省区和内蒙古西部,少量分布在华北北部、东北西部。你能在地图上找到它们的家吗? 4. 观察不同省份沙枣树生长环境的图片,说一说这些地方有什么共同点。 5. 出示沙枣树的图片,观察它的样子。	通过观察、思考,探究事物的生长环境,总结出事物生长环境的特征。沙枣树是一种生命力顽强的沙漠树种,属于落叶乔木,有抗旱、抗风沙、耐盐碱、耐贫瘠等特点,为落叶乔木。天然生长的沙枣树主要位于新疆、甘肃、内蒙古沿河地带,而人工种植的沙枣林则主要分布于新疆、甘肃、青海、宁夏、山西、内蒙古等地。

（续表）

	思维进阶	开启问题	进行推断	总结/延展
思	探究活动2　5分钟			沙枣，落叶乔木或小乔木，高5~10米，茎干较高，枝条上有尖刺。果实椭圆形，长9~12毫米，直径6~10毫米，密被银白色鳞片；果肉乳白色；果梗短，粗壮，长3~6毫米。
	了解沙枣树的样子。	沙枣树长什么样子？	小组内讨论交流，归纳出沙枣树不同部位的特点，组长记录在探究单上。	
	探究活动3　5分钟		1.通过播放沙枣树的介绍视频，知道沙枣树的别名：银柳、香柳、桂香柳、棉花柳…… 2.为什么沙枣树的别称含有"柳""香"？	"柳"字体现了沙枣树的属性跟柳树一样，属于乔木，并且和柳树一样分布较广，生命力强；"香"字则体现了它的花香四溢。可见，从植物的名字中也能探寻到植物的特点。
	了解沙枣树的别名。	沙枣树为什么有那么多别名？		
	建立模型	探究沙枣树的植物属性，可以从它的生长环境以及命名方法中寻找依据。		
	探究时长	引入辨点	探究活动	辨析总结
辨	5分钟	沙枣是枣吗？	1.观察沙枣和红枣，对比探讨。 2.请学生分享自己的观点，并说明理由。 3.播放视频《沙枣不是枣》，听专家怎么说。	从植物学分类来看，红枣是鼠李科枣属植物，沙枣是胡颓子科胡颓子属植物，二者不是一种事物，只是果实有点像。
行	探究时长	探究活动		
	10分钟	将自己心中的沙枣树画在探究单上。		

第1课探究单

探究活动一

沙枣树有什么特点？请根据你的观察填一填。（提示：观察事物的形状、颜色、大小等）

部位	特点
树干	
枝条	
花	
果实	

探究活动二

这节课我们观察了沙枣树的样子，也知道了它生长的环境和别名，现在，请你拿出彩笔，画一画你心中的沙枣树。

我心中的沙枣树

第2课

实施年级	四年级	超学科概念		形式
核心问题	沙枣树为什么会有刺？			
认知目标	知道沙枣树刺的特点。			
能力目标	能通过实践研学，知道植物的刺的作用。			
素养目标	培养学生独立思考，以及提取、整理、分析资料的能力。			

探究进阶	探究时长	探究内容		
学	5分钟	瞧一瞧、摸一摸柳枝和沙枣枝，说一说这两种树的枝条有什么不同。		
问	沙枣树为什么会有刺？			

	思维进阶		开启问题	进行推断	总结/延展
思	**探究活动1**	5分钟	沙枣树的刺有什么特点？	学生观察沙枣树的刺，从触感、颜色、长度等角度入手，探究沙枣树枝的刺的特点，完成探究活动一。	沙枣树身上的刺长短不一，30~40毫米，棕红色，发亮，呈圆柱形。
	探究沙枣树的刺的特点。				
	探究活动2	5分钟	植物的刺有哪些作用？	1.学生交流知道的长刺的植物。2.学生阅读文本资料提取信息，合作完成探究活动二。3.学生观看视频，说一说沙枣树的刺有什么作用。	植物身上的刺可以防御动物的侵袭；减少水分蒸发；将种子传播到远方，如鬼针草、苍耳，就是靠刺来传播种子的；有刺的植物可以借助刺攀缘在其他物体上，起到协助攀爬的作用，如蔷薇、葎草、茜草等。
	探究植物的刺的作用。				

（续表）

	思维进阶		开启问题	进行推断	总结/延展
思	探究活动3	5分钟	生物还有哪些保护自己的"武器"？	查找资料，互相交流。	生物多种多样，它们的"武器"千奇百怪，作用也不一样。
	探究生物保护自己的"武器"。				
	建立模型		生物在千万年的繁衍过程中，为了生存进化出各种各样的"武器"来保护自己。千奇百怪的"武器"和生存环境有着密切的关系。		
辨	探究时长		引入辨点	探究活动	辨析总结
	5分钟		拥有"武器"的生物就一定安全吗？	学生小组合作交流，各抒己见，并说明理由。	物竞天择，适者生存。即使它们的"武器"再强悍，在自然灾害面前，也显得那么无力。
行	探究时长		探究活动		
	10分钟		学生大胆想象，模仿"花钟"，做一个生物的"武器盘"。		

第2课探究单

探究活动一

沙枣树的刺有什么特点？

项目 名称	触感	颜色	长度
沙枣树的刺			

探究活动二

材料：

不同植物的刺有着不同的作用，有的是为了保护自身免受敌害，有的是为了适应生存环境，有的是为了使自己爬到高处，还有的则是为了把种子传播到远方。

仙人掌的老家是干旱的沙漠地区，那里雨水少，太阳辐射强烈，蒸发量大。为了适应干旱生活，它将叶片退化成针状，缩小水分蒸发的面积，以绿色肥厚的肉质茎代替叶片进行光合作用。

阅读文本，提取信息，合作填写下表。

项目 名称	作用1	作用2	作用3	……
植物的刺				

第 3 课

实施年级	四年级	超学科概念	变化
核心问题	沙枣树的一生是怎样的？		
认知目标	了解沙枣树一生经历的变化。		
能力目标	能结合资料，通过实践研学，探究沙枣树一生变化的原因。		
素养目标	能根据事物的变化和已有的生活经验认知事物。		

探究进阶	探究时长	探究内容		
学	5分钟	1. 学生回顾自己成长所经历的阶段。 2. 通过视频了解人的成长经历。 3. 总结归纳人的成长所经历的阶段，引出课题。		
问	沙枣树的一生是怎样的？			
思	思维进阶	开启问题	进行推断	总结/延展
	探究活动1　5分钟 探究沙枣树一生的变化。	沙枣树的一生会经历哪些阶段？	1. 观看视频，了解一棵树的生长过程，探讨交流。 2. 总结大树的一生所经历的生长阶段。 3. 进一步探讨什么样的种子能生根、发芽、长出幼苗，完成探究活动一。	颗粒饱满、营养充足的种子能承担起种族传承的使命。不论是植物还是人类，都会经历一个生长的过程。

（续表）

	思维进阶		开启问题	进行推断	总结/延展
思	探究活动2	5分钟	你知道沙枣树生命力顽强的秘密是什么吗？	1. 猜一猜：沙枣小幼苗长成一棵大树需要几年？ 2. 探讨沙枣树生命力顽强的秘密。	沙枣树的枝条呈银白色，有反射阳光的作用，可避免因受强烈阳光照射而被灼伤。其叶狭长，正、反两面皆有银白色的鳞片，它们是放射状的星状毛，布满叶片，既能反射阳光，又可防止叶片中的水分蒸发。沙枣的根系十分发达，能够伸入沙漠的深处去吸收营养和水分。
	探究沙枣树生命力顽强的原因。				
	探究活动3	5分钟	仙人掌的一生是怎样变化的？	1. 学生探讨交流。 2. 图片展示仙人掌的生长环境和生长过程。 3. 小组合作完成探究活动二。	仙人掌和沙枣树的一生都经历了或大或小的变化。无论是动物还是植物，它们都要经历一个艰辛的生长过程。
	探究其他植物的一生会有什么变化。				
	建立模型		探究植物的一生，可以从植物的生长环境以及它的本质特征中寻找依据。		
辨	探究时长		引入辨点	探究活动	辨析总结
	5分钟		所有植物一生中都会有很大的变化吗？	学生探讨交流，举例论证自己的观点。	有些植物像沙枣树一样，一生中会经历很大的变化，而有些植物的变化并不明显。
行	探究时长		探究活动		
	10分钟		小组合作创作绘本故事《沙枣树历险记》。		

第 3 课探究单

探究活动一

请同学们仔细观察自己手中的种子，比一比、说一说成为优良种子的条件，完成探究单，挑选优良种子。

名称 特点	沙枣核 1	沙枣核 2	沙枣核 3	沙枣核 4
大小				
形状				
壳				

探究活动二

比较仙人掌和沙枣树一生的变化。

特点＼名称	仙人掌	沙枣树
大小		
样子		
刺的颜色和分布		

第4课

实施年级	四年级	超学科概念		功能	
核心问题	沙枣树为什么全身是"宝"？				
认知目标	知道沙枣树身上各部分的功能和作用。				
能力目标	通过讨论探究沙枣树的价值，明白"宝"的含义。				
素养目标	培养学生的发散思维和敢于创新的品质。				
探究进阶	**探究时长**		**探究内容**		
学	5分钟		通过视频介绍"宁夏五宝"，引出课题。		
问	沙枣树为什么全身是"宝"？				

思			思维进阶	开启问题	进行推断	总结/延展
	探究活动1	5分钟	探究沙枣的食用、药用价值。	为什么说沙枣是个"宝"？	1. 尝一尝沙枣和用沙枣做的美食，对比两者的味道。 2. 观看视频，了解沙枣的其他价值。	沙枣的果实有食用价值，味甘酸涩，性平、具有强壮、镇静、催乳、健胃、消炎利尿之功效。
	探究活动2	5分钟	探究沙枣树的"宝贝"功能。	沙枣树身上还有哪些"宝"？	1. 探究沙枣树花、皮、枝、叶、核（仁）的作用。 2. 根据实物和资料，小组合作完成探究活动一、二。	沙枣花蜜有润肠通便、养血补血、安神助眠的功效。 沙枣树皮具有止痛止血、治烧伤的作用。 沙枣叶有预防和治疗便秘、腹泻和胃痛等疾病的功效。 沙枣核可以做工艺品，如手链、门帘等。 沙枣木可用于制作家具、乐器。

（续表）

	思维进阶		开启问题	进行推断	总结／延展
思	探究 活动3	5分钟	还有哪些植物身上有"宝"？	学生联系生活经验，交流探讨。	身上有"宝"的植物有很多，我们要在生活中做一个有心人，留心观察。
	探究其他植物的用途。				
	建立模型		正确利用植物身上的"宝"能给我们的生活带来便利和美好。		
辨	探究时长		引入辨点	探究活动	辨析总结
	5分钟		生物身上的"宝"一定是有利的吗？	1.学生分享自己的观点，并说明理由。 2.视频介绍两种少见的身上有"宝"的生物。	我们要用辩证的观点去看待生物身上的"宝"。
行	探究时长		探究活动		
	10分钟		用沙枣树身上的"宝"创作一幅自己喜欢的作品。		

第4课探究单

探究活动一

小组合作探究沙枣花、叶、皮、核（仁）的功效。

项目	功效
花	
叶	
皮	
核（仁）	

探究活动二

小组合作，对比杨木和沙枣木，探究沙枣树枝干的用途。

内容 项目	硬度	韧度	用途
杨木			
沙枣木			

第 5 课

实施年级	四年级	超学科概念	原因

核心问题	为什么沙枣树是"防风固沙三杰"之一？
认知目标	了解沙枣树能防风固沙的原因。
能力目标	能根据事物生长环境判断事物特征，了解事物的功用。
素养目标	通过交流、探究和实践，培养质疑、思考和迁移的能力。

探究进阶	探究时长	探究内容		
学	5分钟	学生通过辨认图片，了解"防风固沙三杰"是谁，引出课题，探究沙枣树能防风固沙的原因。		
问	为什么沙枣树是"防风固沙三杰"之一？			

思	思维进阶		开启问题	进行推断	总结／延展
	探究活动1	5分钟			沙枣树是中国西北干旱和半干旱地区的重要树种，它偏爱轻度沙质土壤，可以承受相当高的盐度和碱度。沙枣树侧根发达，根幅很大，能在疏松的土壤中生出很多根瘤，其中的固氮根瘤菌还能提高土壤肥力，改良土壤。侧枝萌发力强，顶芽长势弱，枝条茂密，常形成稠密株丛。枝条被沙掩埋后，易生长不定根，有防风固沙作用。
	探究沙枣树防风固沙的秘密。		沙枣树为什么能防风固沙？	1.观察沙枣树的枝、干、叶、根，说说它们是如何防风固沙的。2.观看视频，了解沙枣树防风固沙主要靠根系。3.总结归纳沙枣树能防风固沙的原因。	

（续表）

	思维进阶		开启问题	进行推断	总结／延展
思	探究活动2	5分钟	沙枣树在南方能发挥防风固沙的作用吗？	1. 观察南北方地形图，结合探究活动的资料，完成表格。2. 总结归纳南北方的气候特点和差异。	西北地区和南方地区的土壤类型存在明显差异，西北地区土壤干燥，沙质土壤多；而南方地区以有机质丰富的红壤为主，比较湿润。这种差异主要是由于两地的气候条件和地形地貌不同导致的。南北方地形、土壤、气候的差异，造就了同一植物在不同地方生长的差异性。
	探究沙枣树在南方是否还能发挥防风固沙的作用。				
	探究活动3	5分钟	除了栽种植物，还有哪些方法可以防风固沙？	思考并交流人工防风固沙的方法。	可以通过设置沙障、挡沙墙等方法来防风固沙。
	探究人工防风固沙的措施。				
	建立模型		要根据事物的生长环境，判断事物特征，了解事物的功用。		
辨	探究时长		引入辨点	探究活动	辨析总结
	5分钟		防风固沙措施那么多，沙漠有可能会消失吗？	1. 学生讨论并分享自己的观点，说明理由。2. 观看视频，总结归纳。	由于人类破坏而形成的一些沙漠是可以通过人工治理消失的，如毛乌素沙漠。而由于地理条件形成的沙漠是不容易消失的，如塔克拉玛干沙漠。其实，沙漠都消失了也会产生很多生态问题。
行	探究时长		探究活动		
	10分钟		借助沙盘、黏土、树枝等材料，制作"沙漠变绿洲"的愿景展示沙盘。		

第5课探究单

探究活动

请同学们阅读以下资料，小组合作，完成表格。

南方地区是秦岭－淮河一线以南的地区，地势西高东低，地形为平原、盆地与高原。平原地区河湖众多，水网交错，具有典型的南国水乡特色；山地丘陵区大多植被繁茂，郁郁葱葱，景色秀丽。气候以热带亚热带季风气候为主，夏季高温多雨，冬季温和少雨。

北方地区是秦岭－淮河一线以北的地区，地形以平原为主，也有高原和山地。气候主要是温带大陆性气候和温带季风气候，冬夏温差大，四季气温变化分明，全年降水量少。

	位置	地形	气候
南方			
北方			

第6课

实施年级	四年级	超学科概念		联结
核心问题	沙枣林为什么是沙漠小动物的"天堂"？			
认知目标	知道沙枣林是沙漠小动物的"天堂"的原因。			
能力目标	能通过查阅资料，了解沙枣林的作用。			
素养目标	培养发散思维，懂得维护自然界的生态平衡。			
探究进阶	探究时长	探究内容		
学	5分钟	观看《天堂》视频，了解腾格尔眼中的天堂，引出探究问题。		
问	沙枣林为什么是沙漠小动物的"天堂"？			

思	思维进阶		开启问题	进行推断	总结/延展
思	探究活动1	10分钟	沙枣林给沙漠里的小动物带来了什么？	阅读探究活动中的材料，提取信息，小组合作完成探究单，并派代表交流分享。	沙枣林有防风固沙、改良土壤、保护野生动植物的生态功能，给沙漠小动物提供了食物、住所和庇护，能让沙漠小动物更安全、更好地生活。
思	探究沙枣林是沙漠小动物的"天堂"的原因。				
思	探究活动2	5分钟	没有小动物的打扰，沙枣林会不会长得更好？	1.结合生活中自己的观察，试着在小组内说一说。2.学生观看视频《小动物与沙枣树》，寻找答案并分享。	沙枣林给沙漠小动物提供了食物、住所、庇护，小动物帮助它们传播种子、消灭害虫、改良土壤，它们之间是共存的关系。所以，没有小动物的打扰，沙枣林不会长得更好。
思	探究沙枣林与小动物的关系。				

（续表）

	思维进阶		开启问题	进行推断	总结/延展
思	探究活动3	5分钟	还有哪些动物、植物之间会互相"帮助"？	1.学生观看视频《小蚂蚁和大树》，了解动植物之间共存互惠的关系。2.说说生活中观察到的动植物之间存在怎样的共存互惠关系，在小组内讨论交流。	动物能帮助植物传粉、传播种子，促进植物的繁殖和分布；植物能为动物提供食物和生存栖息环境。许多动物与植物会形成伙伴关系：蜜蜂和花朵、啄木鸟和大树、小蝴蝶和蚂蚁……它们相互帮助，共同生活。
	探究事物之间的联系。				
	建立模型		这种互惠互利的行为，不仅能帮助动植物们更好地生存，还能促进物种繁衍，维持生态平衡。这就是大自然的智慧。		
辨	探究时长		引入辨点	探究活动	辨析总结
	5分钟		这样的互惠互利只存在于自然界中吗？	1.小组讨论，形成观点。2.小组派代表交流汇报。	为了更好地生存，动植物常常会"结盟"。人与人之间、地区与地区之间、国家与国家之间也是如此，只有互利共赢，才是发展繁荣之道。
行	探究时长		探究活动		
	10分钟		1.绘制一个自然界的食物链图。2.上台展示并做简单讲解。		

第6课探究单

探究活动

材料：

沙枣林为沙漠小动物的生存提供了哪些便利

沙枣树是沙漠的"珍宝"，果子可当主食，叶子能当饲料，几乎全身都是宝贝。沙枣树的生命力极为顽强，并且具有防沙抗旱的作用。在沙尘暴天气里，沙枣林还能为动物们提供一个庇护所。沙枣树高度一般5~10米，极端耐寒，可承受 −40℃以下低温。

有"沙漠之舟"美称的骆驼，鼻孔能开闭，足垫厚，适合在沙漠中行走。背有峰，内蓄脂肪，胃有三室，可以贮水，所以耐饥渴，可以多日不吃不喝。沙枣林是它们躲避风沙、补充食物、歇息的好地方。

有许多鸟类生活在沙枣林中，如乌鸫、鹰等，超过50多种鸟类和哺乳动物食用沙枣的果实、叶、皮。

沙枣树多刺且枝条稠密，树荫可以为小动物们遮挡强烈的阳光，是动物的理想栖息地和筑巢场所。对动物来说，拥有良好的隐蔽场所与获得丰美的食物几乎是同等重要的。如果没有合适的隐蔽场所，动物就无法躲避对它们极其不利的气候条件，比如炎热的高温和飞扬的风沙等。沙漠中的动物，要想避开天敌的捕杀，也必须有隐蔽场所，否则它们很容易被发现，或者被天敌发现并追逐时，很难利用有利地形的掩护来摆脱捕杀。

在沙漠，蛇类白天只能躲在沙子里，因为沙子的覆盖能使它们避免阳光的直接照射，还可以伺机捕捉猎物。如果必须走动时，蛇就将身子弯成"之"字形迅速前进，这样可以避免皮肤长时间与炙热的沙子接触，蛇就是以这种方式顽强地在沙漠里生存下来的，沙枣林无疑是它们很好的隐蔽场所。

荒漠中，蜥蜴最喜欢吃沙枣林里的虫子。它们昼伏夜出，穴居生活。沙枣林为它们提供了休憩、躲避天敌和风雨的场所。

沙枣林为沙漠小动物的生存提供了哪些便利？在表格内画"√"。

提供的资源 ＼ 沙漠小动物	骆驼	蜥蜴	荒漠鸟类（乌鸦、鹰等）	蛇类等
食物				
住所及活动场所				
安全庇护（躲避天敌、风雨等）				

第7课

实施年级	四年级	超学科概念		观点
核心问题	沙枣树是"勇士",还是入侵者?			
认知目标	了解沙枣树的贡献与危害。			
能力目标	能通过查阅资料,培养搜集资料和提取、整合信息的能力。			
素养目标	学会运用辩证思维,一分为二地看待事物和问题。			
探究进阶	探究时长	探究内容		
学	5分钟	了解什么样的人可以称为勇士。		
问	沙枣树是"勇士",还是入侵者?			

思	思维进阶		开启问题	进行推断	总结/延展
思	探究活动1	10分钟	沙枣树对植物、动物、人类、生态有哪些贡献?	结合生活经验和所学内容,说说沙枣树对植物、动物、人类、生态有哪些贡献,小组合作完成探究活动。	狂风吹不倒它,风沙摧不毁它,冰霜冻不死它,高温、盐碱也奈何不了它,它越摧越坚,傲然屹立在沙漠中,默默繁殖。
			了解沙枣树对植物、动物、人类、生态的贡献。		
	探究活动2	5分钟	沙枣树还具备勇士的哪些品质?	1.联系生活,总结交流。 2.通过观看视频,深入了解沙枣树具备的勇士品质。	它顽强的生命力、坚强的意志、无私的奉献等精神品质都充分说明了沙枣树是"勇士"。
			了解沙枣树具备勇士的哪些精神品质。		

（续表）

	思维进阶		开启问题	进行推断	总结/延展
思	探究活动3	10分钟	沙枣树是入侵者吗?	1.通过创设情境,聆听小草的倾诉,了解沙枣树对生态的入侵。 2.探究像沙枣树一样,既是"勇士",又是入侵者的其他动植物。	水葫芦被列入世界百大外来入侵物种之一,它有研究、观赏、食用价值,但它也会阻断航道,影响航运和排泄,成为农业、水利、环保的敌人。这样有着双重身份的动植物还有牛蛙、巴西龟等。
	探究沙枣树对生态的入侵性。				
	建立模型		万事万物都有两面性或多面性。		
辨	探究时长		引入辨点	探究活动	辨析总结
	5分钟		入侵物种应该被消灭吗?	学生分享自己的观点,并说明理由。	我们要用辩证的思维方式看待入侵物种。从不同角度看待它,才能更全面地了解它,扬长避短,最大化地发挥它的作用。
行	探究时长		探究活动		
	15分钟		1.绘制一幅园林景观规划图,打造自己心中的美丽小区、公园或校园。 2.展示并解说自己的规划。		

第7课探究单

探究活动

请根据生活经验和所学内容，填写表格。

	对植物的影响	对动物的影响	对人类的影响	对生态环境的影响
沙枣树				

第8课

实施年级	四年级	超学科概念		表现
核心问题	怎样办好一场"沙枣艺术节"？			
认知目标	知道举办一场艺术节需要做哪些准备工作。			
能力目标	培养统筹策划能力。			
素养目标	掌握一定的美学知识，能感受并欣赏生活中自然艺术和科学的美，有创造美的意识。			

探究进阶	探究时长	探究内容		
学	5分钟	学生通过观看视频《银川当代美术馆山河稚子·万象"喜迎二十大'艺'起向未来"艺术展》，了解艺术节的形式，引出课题。		
问	怎样办好一场"沙枣艺术节"？			

思	思维进阶		开启问题	进行推断	总结/延展
	探究活动1	5分钟	办好一场艺术节，需要做哪些准备？	1.欣赏几场大型艺术节，说说发现了什么。2.学生结合课前搜集的资料讨论：办好一场艺术节需要做哪些准备？3.介绍举办艺术节的幕后准备工作。4.这些准备工作中哪个是重中之重？学生交流。5.活动内容有哪些艺术展现形式？	艺术节展示了地方、民族、国家的人、物、景、文化、风情等。要想办好一场艺术节，需要确定主题、目标、场地、时间和参与者，需要细致周密地策划活动、规划预算、筹集资金，还需要进行组织和宣传。其中的重点是对活动内容的策划，活动形式要多样，可以通过表演、美食、服装、展览等多种形式呈现主题。
	探究艺术节里的"秘密"。				

（续表）

	思维进阶		开启问题	进行推断	总结／延展
思	探究活动2	5分钟		1."沙枣艺术节"项目部可分为活动策划部、后勤服务部、组织宣传部，小组讨论决定本组承担哪个部门的工作。 2.明确各部门任务分工。 （1）活动策划部：选择合适的艺术表现形式，用思维导图呈现"沙枣艺术节"的活动内容。 （2）后勤服务部：结合平罗县城平面图、平罗县惠民公园平面图、沙湖旅游景区平面图、学校平面图，确定场地，筹备资金。 （3）组织宣传部：设计前期、后期宣传方案。 3.学生小组讨论，完成策划。	"沙枣艺术节"以沙枣为主角，融入了多元素、多文化、多视角的形式多样的活动。活动背后是一个强大的团队齐心协力，合作共赢。
	探究怎样办好一场"沙枣艺术节"。		怎样办好一场"沙枣艺术节"？		
	建立模型		艺术节可以丰富学生的文化生活，传播文化，促进艺术交流，提高社会影响力。		
辨	探究时长		引入辨点	探究活动	辨析总结
	5分钟		艺术节里呈现的只是艺术吗？	学生交流后分享自己的观点，并说明理由。	艺术节呈现的不仅仅是艺术，还有人文情怀、地域特色、文化传承等。
行	探究时长		探究活动		
	10分钟		和志趣相投的小伙伴选择喜欢的主题策划一场艺术节。		

第9课

实施年级	四年级	超学科概念		关系
核心问题	小小的沙枣如何影响了"丝绸之路"？			
认知目标	了解沙枣树与丝绸之路的联系。			
能力目标	通过交流、思考，探究个体事物与万物之间相互影响的关系，提高学生的辨识能力。			
素养目标	依托沙枣树对"丝绸之路"的影响，提升学生创造美好生活的意识。			
探究进阶	探究时长		探究内容	
学	5分钟		观看视频，了解"丝绸之路"，小组交流自己获得的信息和感受，引出问题。	
问	小小的沙枣如何影响了"丝绸之路"？			

		思维进阶	开启问题	进行推断	总结/延展
思	探究活动1 10分钟 探究"丝绸之路"。		"丝绸之路"经过哪些地方？途中会遇到哪些困难？	观看视频并阅读探究活动一的材料，说一说在"丝绸之路"经过的地方，人们可能会遇到哪些困难。	丝绸之路一般指陆上丝绸之路，全程主要分为三段：东起长安到玉门关、阳关，西至葱岭，再往西直至中亚、西亚，远到欧洲。一路上要穿过帕米尔高原或草原，途经沙漠、戈壁等，人们会遇到寒冷、缺水少食、行路艰难等困难。
	探究活动2 10分钟 探究沙枣树在"丝绸之路"上发挥的作用。		沙枣树在"丝绸之路"上发挥了哪些作用？	1. 小组交流议一议：沙枣树帮人们解决了哪些困难？完成探究活动二。 2. 欣赏歌曲《丝绸之路》，从音乐和画面中再一次感受"丝绸之路"的辉煌及穿越它的艰辛。	沙枣树为沿途休憩的人们遮挡阳光和风沙，它的果实可供人们果腹，果核可做成手工品出售，枝叶可焚烧供人取暖等，它的花、叶、枝、果等还可入药，为人们的健康做出贡献。

（续表）

思	建立模型	小小的沙枣树在丝绸之路上虽不起眼，却也能因其"浑身是宝"的特性，发挥一定的作用。		
	探究时长	引入辨点	探究活动	辨析总结
辨	5分钟	沙枣树影响了"丝绸之路"，还是"丝绸之路"影响了沙枣树？	1. 小组合作讨论。 2. 小组汇报。 3. 教师总结。	沙枣树为"丝绸之路"的发展发挥了一定的作用，但沙枣树被人们认可和称颂，也有"丝绸之路"为其提供的助力，所以说，它们彼此成就，相互影响。
	探究时长	探究活动		
行	10分钟	以沙枣树为主角、"丝绸之路"为背景，创编话剧剧本并表演。		

第9课探究单

探究活动一

材料：

丝绸之路，简称丝路，一般指陆上丝绸之路，广义上分为陆上丝绸之路和海上丝绸之路。狭义的"丝绸之路"是指起始于古代中国长安或洛阳，经甘肃、新疆，到中亚、西亚，并连接地中海各国的陆上通道。丝绸之路一般可分为三段，而每一段又都可分为北、中、南三条线路。

（1）东段

从长安到玉门关、阳关，汉代开辟。东段各线路的选择，多考虑翻越六盘山以及渡黄河的安全性与便捷性。三线均从长安出发，到武威、张掖汇合，再沿河西走廊至敦煌。

北线：从泾川、固原、靖远至武威，路线最短，但沿途缺水、补给不易。

南线：从凤翔、天水、陇西、临夏、乐都、西宁至张掖，但路途漫长。

中线：从泾川转往平凉、会宁、兰州至武威，距离和补给均属适中。

（2）中段

从玉门关、阳关以西至葱岭，汉代开辟。中段主要是西域境内的诸线路，它们随绿洲、沙漠的变化而时有变迁。三线在中途尤其是安西四镇（640年设立）多有分岔和支路。

南线：东起阳关，沿塔克拉玛干沙漠南缘，经若羌（鄯善）、和田（于阗）、莎车等至葱岭。

中线：起自玉门关，沿塔克拉玛干沙漠北缘，经罗布泊（楼兰）、吐鲁番（车师、高昌）、焉耆（尉犁）、库车（龟兹）、阿克苏（姑墨）、喀什（疏勒）到费尔干纳盆地（大宛）。

北线：起自安西（瓜州），经哈密（伊吾）、吉木萨尔（庭州）、伊宁（伊犁）。

（3）西段

从葱岭往西经过中亚、西亚直到欧洲，唐代开辟。西段的北、中、南三线分别与中段的三线相接对应。其中经里海到君士坦丁堡的路线是在唐朝中期开辟。

北线：沿咸海、里海、黑海的北岸，经过碎叶、怛罗斯、阿斯特拉罕（伊蒂尔）等地到伊斯坦布尔（君士坦丁堡）。

中线：自喀什起，走费尔干纳盆地、撒马尔罕、布哈拉等到马什哈德（伊朗），与南线汇合。

南线：起自帕米尔山，可由克什米尔进入巴基斯坦等国，也可从白沙瓦、喀布尔、马什哈德、巴格达、大马士革等前往欧洲。

阅读资料，思考丝绸之路经过了哪些地方，人们可能会遇到哪些困难。

探究活动二

请同学们小组交流议一议：沙枣树为人们解决了哪些困难？写一写。

解决困难1	
解决困难2	

（续表）

解决困难 3	
解决困难 4	

（"沙枣树"课程编写人员：魏学宝、史华、王燕芳、徐婷、洪丽华、雷鹏勇、吕洁、贾学云、刘杨、马俊芳、李素芳、马芳、征学娟、马秀、宋孟孟、太红燕、甘霈、王玉娟、夏立平、毛自蕊、马圆、李佳、唐雅茹、贾洁、赵小丽）